"十三五"国家重点图书项目

国家出版基金项目
NATIONAL PUBLICATION FOUNDATION

一带一路

中外文化交流史

何芳川◎主编

汤重南◎著

中国日本文化交流史

国际文化出版公司
·北京·

图书在版编目（CIP）数据

中外文化交流史 . 中国日本文化交流史 / 何芳川主编；汤重南著 . —— 北京：国际文化出版公司 , 2020.12

ISBN 978-7-5125-1269-6

Ⅰ . ①中… Ⅱ . ①何… ②汤… Ⅲ . ①中外关系—文化交流—文化史—日本 Ⅳ . ① K203 ② K313.03

中国版本图书馆 CIP 数据核字 (2020) 第 270253 号

中外文化交流史·中国日本文化交流史

主　　编	何芳川	
作　　者	汤重南	
统筹监制	吴昌荣	
责任编辑	崔雪娇	
出版发行	国际文化出版公司	
经　　销	全国新华书店	
印　　刷	文畅阁印刷有限公司	
开　　本	710 毫米 × 1000 毫米	16 开
	6.5 印张	100 千字
版　　次	2020 年 12 月第 1 版	
	2020 年 12 月第 1 次印刷	
书　　号	ISBN 978-7-5125-1269-6	
定　　价	38.00 元	

国际文化出版公司

北京朝阳区东土城路乙 9 号　　　　　邮编：100013

总编室：（010）64271551　　　　传真：（010）64271578

销售热线：（010）64271187

传真：（010）64271187—800

E-mail：icpc@95777.sina.net

目录
Contents

第一章

古代的中日文化交流
——第一次高潮前后

本章古代时期，拟以中日两国实际状况界定，即指中国王朝世系中的隋朝、日本的推古朝以前的各个时期。在古代时期，中日即出现了第一次交流的高潮。

石器时代日本与中国大陆的关系

根据地质学的研究，从远古时代至 1 万年前，日本与亚洲大陆是连接在一起的；只是在 1 万年前，茫茫大海才将两国相阻隔。虽然古代航海技术落后，但日本海的左旋回流将中国大陆与日本列岛相联系，成为最古老的中日间的自然航路，加之有朝鲜半岛作为中日间的天然桥梁及两国先人们不畏艰难，冲破险阻，不断进行交往，故中日两国自远古以来，就结下了相互影响、彼此浸润的不解之缘。

在旧石器时代及新石器时代，日本最早人类的出现、日本民族的形成等均与中国有密切关系。

在距今 300 万年的第四纪时，东亚大陆与日本列岛上的陆生脊椎动物化石有许多共同特征，而推断在更新世中期，中国华北与日本就有陆路相通，一些动物通过陆地可由华北进入日本九州直到本州，裴文中据此得出的结论是："在中更新世之末和晚更新世之初，在日本和华北之间没有古代人类不可逾越的天然障碍。"[1] 日本发现的距今 8 万年到 3 万年的旧石器文化，与华北的旧石器文化亦"具有许多共同的特征"，说明"日本列岛与东亚大陆之间旧石器时代的文化联系，最初是通在南路的，即华北与九州之间首先直接相通""后来，在更新世末期，华北与日本的北部地区之间又开辟了一条文化交流的道路。"[2] 禹硕基从日本旧石器文化与周口店北京人在加工制作技法工艺上相类似，证明日本的最早人类可能是北京人的后裔，由华北迁徙到日本南部。旧石器时代晚期，中国远古人类由华北进入日本北海道。[3] 夏应元的"当日本还与亚洲大陆相连接时，就有亚洲大陆上的原始人类，在狩猎中一边追逐着动物群，一面与动物一起来到日本列岛上，成为日本列岛上的最早人类"这一结论是妥帖可信的。[4]

在距今 4000 年前至 2000 年前，日本列岛上的最早人类"原始日本人"，不断同周边地区与渡海到日本的许多人种融合混血，

---

[1] 裴文中：《从古文化及古生物上看中日的古交通》，载《科学通报》，1978 年第 12 期。

[2] 裴文中：《从古文化及古生物上看中日的古交通》，载《科学通报》，1978 年第 12 期。

[3] 禹硕基：《远古时代中日交往初探》，载《日本研究》，1985 年第 2 期。

[4] 夏应元：《相互影响两千年的中日文化交流》，载周一良主编《中外文化交流史》，河南人民出版社，1987 年版第 307 页。

形成今天的日本民族。其中最主要的是中国大陆上南北两支，即北方属于蒙古利亚种的通古斯人、中原汉人和南方浙闽一带的属于马来人种的越人、印支人等，经由朝鲜半岛渡海或直接横渡东海分批到达日本的。日本民族的族源问题，无论是中国大陆"东北说"还是"江南说"，均说明日本人种中杂有中国人种的血统，日本民族的形成与中国的关系十分紧密。

通古斯人在西伯利亚瓦若戈夫，弗里乔夫·南森摄（1913 年 9 月 17 日），存于挪威国家图书馆

日本学界因于 1949 年发现岩宿遗址，故于 20 世纪 90 年代逐渐将日本旧石器时代称为岩宿时代，将无陶器时代前的旧石器日本文化称为岩宿文化。岩宿文化与东亚地区，特别是与中国黄河等地区的石器技术相似，具有共同的文化特征。[①] 在日本的绳文时代（从 1 万年前至公元前 300 年，因出土手制黑陶外部有草绳式花纹的绳纹式陶器，故称绳纹式文化时代，简称绳文时代），作为日本新石器时代的重要时期，虽然大陆文化影响微弱，但在日本绳文时代遗址中出现的酷似中国和朝鲜的文物、

---

① 王金林：《简明日本古代史》，天津人民出版社，1984 年版第 5 ～ 7 页。

生产工具、水田遗址等，均说明绳文时代日本与中国先秦文化有一定联系。[①] 特别是公元前 2500—前 600 年绳文文化的后期和晚期，在日本"大陆系石器"日渐增多，亦发现近似中国春秋前后的"鬲形绳文陶器"，可称为中日交流的再度萌芽期；而在公元前 600—前 220 年，绳文文化的晚期即中国春秋战国时代，大批人员从大陆到日本，推动日本从绳文文化过渡到弥生文化时代。[②] 绳文文化时代可视为古代中日交流的发生、发现期；而弥生文化时代，[③] 则迎来了中日文化交流的第一次高潮。

绳纹黏土雕像，公元前 1500 年—前 1000 年，
藏于大英博物馆

---

① 禹硕基：《远古时代中日交往初探》，载《日本研究》，1985 年第 2 期。
② 蔡凤书：《远古至秦汉时代的中日交流》，载《文史哲》，1992 年第 3 期。
③ 弥生时代，又称弥生式陶器时代（公元前 3 世纪—3 世纪），因于东京弥生町发掘出制作技术高于绳文陶器之纹样简单、精致光滑，呈褐色的陶轮生产，高温烧焙的弥生陶器而命名。

弥生时代土器，藏于法国吉美博物馆

绳纹黏土头，岩手县，公元前 1500 年—前 1000 年，藏于大英博
物馆

中日文化交流的第一次高潮

日本绳文文化时代末期，大陆文明的光芒照射到日本列岛，开始了日本与大陆文明的最早接触。水稻这种原产于亚热带的粮食作物于约 3000 年前，连同栽培技术从原产地之一的中国经由江南和朝鲜半岛路线陆续传至日本九州地区。[①] 水稻及农耕技术的传入，使日本文化开始发生巨大变化，直至发生质的飞跃。

从公元前 3 世纪起，日本以农耕、畜牧经济为主的弥生文化取代了以渔猎、采集的自然经济为主的绳文文化时代。在直至公元 3 世纪弥生时代结束的五六百年间，中日文化交流出现了第一次高潮。

日本山中顺雅的阐述基本代表了中日学界的主流观点："水稻耕作、青铜器和铁器是同时应用的。"由大陆"渡来人"（即中国大陆迁徙到日本的移民——引者注）传播的弥生文化取代了"当地土著的原住民族绳文人创造的以狩猎、渔捞、采集植物和土器制作为主的绳文文化"。[②]

在第一次中日文化交流高潮中，主要是中国单向传播战国、秦汉、魏晋时期先进文化到日本。传播方式主要是通过为躲避战乱等多种原因，不断经过朝鲜半岛涌入日本的中国大陆移民（在弥生时代初期，还出现了大陆移民赴日本的第一次高潮）将先进

---

① 孙光圻：《中日水稻之路的航海学辨析》，载中日关系史研究会编：《中日关系史国际学术讨论会论文（选编）》，中日关系史学会印制，1988 年第 79～81 页。

② ［日］山中顺雅：《日本古代一千五百年史》，中国社会科学出版社，1994 年版第 39 页。

的文明与生产工具和技术带到日本，所交流的文化层面主要是广义文化中的物质文化层。

中国水稻及其栽培技术传入日本，很快便使日本掀起了农业生产的革命性变革。以水稻生产为中心的农耕经济在弥生时代很快普及成日本物质文明的重要基础。中国的铁器、青铜器及其锻冶技术，在水稻传入日本不久也相继由大陆输入日本。因日本是通过接触大陆文明直接引进，故铁器输入日本反而比铜器输入要早，是在弥生时代前期。铁器多用于农业生产和作战武器。铜器主要作为礼器和祭器，主要是铜镜、铜铃、铜铎，亦有剑、矛、戈等战斗武器。

中国水稻和金属器的传入及其发展普及，使日本很快进入了铁器时代。而这，又促进日本生产力迅速发展，促进了人口增长和贫富分化，加速了阶级分化，使日本原始社会渐趋瓦解，出现了一些部落联盟的早期小国。中国的史籍中对中国历朝与这些日本所谓的"国"的交往留下不少极为珍贵的记载，从中亦可看到在中日文化交流第一次高潮中，亦有广义文化概念中制度文化层面和行为文化层面的交流和大量狭义文化概念中的精神文化层面的交流，甚至还有对深意文化概念中的价值观、社会心理和民族性格的理解。

因一般中日关系史书中，特别是中国史籍，尤其是正史中多有详细记载，本书仅就其最为重要者做简要列述如次。

公元前 1 世纪司马迁编写的《史记》称，秦始皇时派徐福率童男童女，"资之五谷种种百工而行"共数千人到东海中"三神山"

徐福渡海帆船的浮世绘，存于波士顿美术博物馆

求仙药，"入海求仙人"。"得平原广泽，止王不来"。①这些记载不能确证徐福一行到了日本，甚至依据后来中日的典籍等分析大体可以认为徐福一行未到日本，但至少可以反映在中国秦代及其以后，确实有大批中国人移居日本并传播生产技术和文化的事实。汪向荣在《徐福，日本的中国移民》一文中说："徐福其人并不重要，其事也不一定就止住在日本列岛；可是其之所以和日本列岛相结合，反映了在日本史前时代中国去的移民和日本列岛上文化、生产发展的关系，是最早的中日文化交流史实之一。"②

公元 1 世纪，班固编写的《汉书·地理志》中记有"乐浪海中有倭人，分为百余国，以岁时来献见"，③则是可靠的关于中日两国间开始官方交往的最早记载。

---

① 《史记·秦始皇本纪》；《史记·淮南衡山列传》。
② 中国中日关系史研究会编：《日本的中国移民》，三联书店，1987 年版第 63～64 页。
③ 《汉书·地理志·燕地》。

公元 289 年陈寿编写的《三国志·魏书·东夷传·倭人条》

（通称：《魏志·倭人传》）记有："倭人在带方东南大海之中，

依山岛为国邑。旧百余国，汉时有朝见者，今使泽所通三十国。"①

《魏志·倭人传》较为系统、全面、详尽地记述了公元 2 世纪末

至 3 世纪（正值中国三国和两晋时期）日本的政治、经济、民俗

及中日关系，对后来影响颇大，特别是对邪马台国的记述弥足珍贵。

这是中国正史中首篇记述日本列岛的传记，以后历代正史中的《倭

传》《倭人传》或《日本传》均以《魏志·倭人传》为祖本，再

加增删铺叙而成。《魏志·倭人传》中记述了公元 238 年（魏明

帝景初二年）邪马台国第一次派遣难升米、都市牛利等使节来曹

魏赠男女奴隶十人及斑布（有斑纹的日本麻布），魏明帝赠女王

卑弥呼以"亲魏倭王"称号及金印紫绶等及珍贵物品，并于公元

240 年派官吏陪送日使回国。这是中国使者正式赴日的最早记录。

此后 10 年间，邪马台国先后四次遣使至魏，魏使亦有两次回访

日本。魏亡后，邪马台国与西晋武帝初年（266）亦有交往，曾派

使节来中国。

公元 445 年范晔编写的《后汉书·倭传》中记有："建武中

元二年（57），倭奴国奉贡朝贺，使人自称大夫，倭国之极南界

也。光武（东汉光武帝刘秀）赐以印绶。安帝永初元年（107），

倭国王帅升等献生口百六十人，愿请见。"②光武赐倭奴国王之

金印，已于日本天明 4 年（1784）春在福冈县志贺岛出土，印文

---

① 《三国志·乌丸鲜卑东夷传》。

② 《后汉书·倭传》。

为"汉委奴国王"阴文，与文献所记完全一致。

有如日本遣派使节，送"生口"及物品等礼物和中国回派使节、回赠珍贵物品的记载一直延续到隋唐时期前。

除中国史籍记载外，日本考古出土文物说明两国在这一时期有着经济文化的密切交流。公元1世纪初王莽"改革"时所铸造流通的钱币"货泉"，就在日本福冈、长崎、大阪、京都及长野等地均有出土。奈良天理市出土了刻有东汉灵帝中平年号（184—189）的铁制大刀，大阪府和泉市及岛根县均先后出土了刻有"景初三年"铭文及魏"景初三年（239）陈是作镜"铭文的铜镜，等等。

王莽时的货币"货泉"

综观日本弥生文化时期中日间文化交流的各个层面，其交流的广度及深度，再从中国史籍记载中反映的频繁程度及考古出土文物反映的密度，将这一时期视作或称为中日文化交流的第一次高潮，大概不是毫无道理的。

高潮的持续和余波
——中国南朝与日本大和国的交流

从 3 世纪后期到 4 世纪中期，在日本本州的大和国统一了日本列岛，直到 6 世纪，日本史上称为大和时代。因这时多筑高大的前方后圆的古坟，以此为象征，考古学界又将 4—7 世纪称为古坟时代。而 4—5 世纪时，正值中国东晋、十六国、南北朝时期。中日交流主要在南朝与大和国之间开展，这是第一次交流高潮的持续和余波，其特点是继续在物质技术文化层面扩展深入之外，更在行为文化层面和精神文化层面开始交往并日趋密切和占据重要地位。

日本古坟时代的埴轮马，埴轮是日本古坟顶部和坟丘四周排列的素陶器的总称。分为圆筒形埴轮和形象埴轮。在日本各地的古坟均有分布

日本极为重视在物质技术层面上与中国交流，中国的先进生产技术向日本传播占据首要地位。其方式主要是直接与东晋、南朝往还，这在中日史籍中留有许多记载。中国沈约于 488 年编写的《宋书·倭国传》、萧子显 514 年编写的《南齐书·倭国传》及姚思廉等 635 年编写的《梁书·倭传》等记载：日本有倭五王（倭王赞、珍、济、兴、武）在 80 多年中（421—502）十数次向南朝宋、南齐、梁政权遣使朝贡及请授封号。《日本书纪·应神纪·雄略纪》记载，在 4—5 世纪，倭王三次遣使到南朝，带回所赠汉织、吴织及长于纺织、裁缝的技术工匠衣缝兄媛、弟媛等。另外就是通过朝鲜半岛间接接受中国文化，日本在 150 多年间（4 世纪中叶至 532 年），通过与百济往来，从朝鲜取得了铁和铁器及冶制技术。更借助通过朝鲜半岛去日本的中国移民汲取中国文化。最著名的是在 4 世纪至 5 世纪，因中国北方陷入五胡十六国的混战和朝鲜半岛三国纷争而引发第二次移民高潮。大和时代的大规模移民，主要包括秦人、汉人、百济人三大集团。在 4 世纪和 5 世纪之交，秦的遗民弓月君自称秦

百济佛像

田中本《日本书纪》里的一页抄本

始皇后裔，率127县百姓（另有120县及27县说）到日本，稍晚迁居日本的是汉人集团，他们是由自称汉灵帝三世孙（另有四世孙之说）的阿知使主率领的7姓17县汉人。百济"博士"王仁自称汉高祖后裔，是已定居百济的汉族移民。王仁一族作为应招赴日之百济移民聚居在今大阪府，形成"文首"（亦称西文首）集团。

秦人集团主要从事养蚕、丝织及农田、灌溉工作，汉人集团主要从事手工业、工艺制作，文首集团主要从事教授汉籍和起草文件等。

在5世纪和6世纪之交，又开始了第三次移民高潮，主要是大和朝廷到百济招聘已被百济吞并的原带方、乐浪郡中技艺超群的汉人工匠到日本，称其为"新汉人"。这些汉人移民亦以技术集团形式移居日本。他们包括制造陶器、制造马具、专事绘画、从事织锦、精通翻译及金、玉、木工、裁缝、烹饪等各种行业人员。"新汉人以其卓越的技能，受到大和朝廷的重用，由于他们的贡献，使古坟文化洋溢着浓郁的国际色彩，并在许多方面成为飞鸟文化的母胎"。[①]

在大和时代中日文化交流中，除物质文化层面的传播外，精神文化层面也开始向日本传播，日本也开始汲取中国精神文化。在第二次中国移民迁居日本高潮中，有的移民经由朝鲜到日本，

---

① 王勇：《日本文化》，高等教育出版社，2001年版第119～127页。

也有移民从"吴"（即中国南方）直接到达日本。① "中国移民作为文化传播的媒介，把先进的生产技术、社会组织和精神文化带给了刚刚迈进文明社会门槛的日本民族。"②

关于中国儒家经典和汉字传入日本的最早记载是成书于 720 年的日本第一部正史《日本书纪》，在该书"应神天皇 15 年"条记有应神天皇 16 年，百济博士王仁赴日，太子拜王仁为师，学习中国典籍之事。成书于 712 年的《古事记》具体记有王仁带去日本的汉籍是《论语》10 卷和《千字文》1 卷。③ 应神天皇 16 年即公元 285 年，故日本与中国学者中多有将中国儒家典籍东渡日本之始定为 285 年者。但《千字文》为南朝梁武帝（502—549 在位）命周兴嗣所作，王仁不可能在 285 年即带去日本。也有日本学者将应神天皇 15 年所记之事与纪年可靠的《三国史记·百济记》相对照，

1756 年日本出版的《十体千字文》中的一页

---

① 吴杰：《从〈日本书纪〉看中国侨人的记载》，载中国日本史研究会编：《日本史论文集》，三联书店，1982 年版。

② 王家骅：《儒家思想与日本文化》，浙江人民出版社，1990 年版第 6 页。

③ 《日本书纪》应神天皇 15 年条；《古事记》应神天皇条。

认为应神 16 年应是 405 年。[①] 至于汉字传入日本，则不仅在 5 世纪之前，也肯定在 285 年之前"早就传入日本"了。[②]"公元前后，日本列岛已出现汉字，并有个别人知道使用"。[③]

至于印度经由丝绸之路于东汉哀帝元寿元年（前 2 年）传入中国而发展演变成的中国佛教何时传入日本，长期以来，"一般认为，钦明天皇 13 年（552）即佛教传入中国 554 年后，通过朝鲜半岛又传入日本"。近年来又有新的进展，"关于佛教传入日本的年代，早在百济的圣明王 16 年（538）就传入日本的说法已成为近年来的定论"。[④]

综观古代的中日文化交流，显现出以下四大特点：一是几乎全部是处于文化先进水平的中国向尚处于蒙昧野蛮社会发展阶段势差极大的日本单向传播；二是除正式使节往还外，大量中国移民一批批地经朝鲜半岛迁居到日本（据日本学者估算超过 100 万人），其传播中国文化作用极大，甚至可以说，中日文化交流主要是通过移民赴日而进行的；三是已出现中日文化交流的第一次高潮，而在形成文化交流高潮及其余波期间，伴有第一、第二及

---

① ［日］丸山二郎：《日本书纪研究》，吉川弘文馆 1955 年版，第 100～265 页。参照考古文物之铭文等，在 5 世纪，"儒家典籍与思想"肯定东渡日本了。王家骅：《儒家思想与日本文化》，浙江人民出版社，1990 年版第 6 页。

② 天津市历史研究所日本史研究室：《中日两国人民的友谊源远流长》，人民出版社，1976 年版第 12 页。

③ 李述一、李小兵：《文化的冲突与抉择》，人民出版社，1987 年版第 40 页。

④ ［日］道端良秀：《日中佛教友好二千年史》，商务印书馆，1992 年版第 21 页。

第三次中国移民高潮。而且在中日文化交流第一次高潮中，传播的形式、内容，日本所汲取的文化内涵、事项及古文献记载等方面，多是首次，具有开创性；四是日本主要汲取的是中国文化的物质技术层面，如水稻耕作、纺织缝纫、冶炼制铁等，中国先进生产工具及技术向日本传播占有极其突出的重要地位，确实可以说中日两国文化交流是从踏上"技术之路"①而开始的。

---

① "技术之路"的概念是值得关注的，笔者赞同并使用这一术语概念，参见浙江大学日本文化研究所：《日本历史》，高等教育出版社，2003年版第24页。

第二章 中世纪的中日文化交流——以第二、第三次高潮为中心

　　本章所阐述的这一时段，大体为中国隋朝建立的 589 年至清朝中期的 1840 年。在长达 1251 年间，中日关系极其丰富多彩，不仅有两次文化交流的高潮，也有过三次战争（白江口之战、元军两次侵日、丰臣秀吉两次侵朝）、明代倭寇、海禁锁国，等等。本书则侧重于文化交流，并且在有限的篇幅中，只能更简略概括地做一些归纳，对特殊重要的几个问题才能做一些具体的描述。

中日文化交流的第二次高潮

　　中日文化交流的第二次高潮，一般定为公元 600—894 年。这是日本"以华为师"，全面吸收中国隋唐先进文化的时期，也是中日文化交流史上极其壮观绚丽的篇章。

　　589 年隋朝建立，南北朝终结；日本推古朝开始于 593 年，圣德太子为摄政，日本亦以是年作为进入飞鸟时代的标志。圣德太子通过朝鲜半岛间接吸收大陆儒家、法家、道家、佛教文化，在日本进行了推古朝改革，603 年制定"冠位十二阶"，604 年制定

圣德太子像，选自菊池客斋所绘的《前贤故实》

"宪法十七条"，均分别引用中国典籍，使用了儒家、法家、道家、佛教的一些规范和思想概念。为了更全面地学习中国文化，主动地直接派出遣隋使与中国交往。在公元 600 年、607 年、608 年（3月、9 月各一次）、610 年和 614 年共六次派出遣隋使，[①] 往往还有不少遣隋留学生（僧）与之随行。公元 600 年，圣德太子就遣使到隋都，隋文帝曾向使者询问日本风俗。607 年，圣德太子又派大礼小野妹子、通事鞍作福利使隋，608 年到长安，因国书措辞引起隋炀帝不悦，但仍派裴世清等与小野妹子一同前往日本。同年，小野妹子送裴世清回中国，又使隋，同时还有倭汉直福因、惠明、高向玄理、大国、僧旻、南渊请安、志贺惠隐、广齐 8 位留学生（僧）。614 年又有惠日、灵云等 5 位学问僧与遣隋使犬上御田锹一起到隋。[②] 这些遣隋留学生（僧），往往在中国学习、求法长达二三十年之久，回日本时已是盛唐时期，因而在传播中国先进文化，促进中日文化交流和推动日本大化改新等多方面，都有重要的作用。

公元 618 年，隋灭唐兴。当时日本正处于社会制度变化发展的时期，为学习唐朝先进文化和引进唐朝文物制度，日本朝廷向唐朝派出遣唐使。从首次于 630 年派出遣唐使起，延绵 264 年，至 894 年任命最后一次遣唐使止（后中止未成行，同年亦是正式

[①] 对派遣隋使次数问题，中日学者有 3 次、4 次、6 次等说，现从王勇综合中日史料而定为 6 次之说。参见王勇《日本文化——模仿与创新的轨迹》，高等教育出版社，2010 年版第 157 页。

[②] ［日］木宫泰彦：《日中文化交流史》，商务印书馆，1980 年版第 58～59 页，依《日本书纪》《续日本纪》做出遣隋留学生、学问僧一览表，对 13 位的姓名、入隋年代及乘船、返日年代及乘船、留学年数、记事等均做了记述，可供参考。

决定停派之年），共任命遣唐使 20 次，实际成行 16 次，[1] 真正到
达中国的 15 次。[2] 遣唐使团人数不等，由前期的乘一两只船不超
过 250 人发展到后期一般乘四只船（故在日本文化中"四只船"
是遣唐使的同义语和代名词），550 人左右，每次随行的常有几位
至二十多位留学生（僧）。遣唐使的次数之多、规模之大、持续
派遣时间之长，为世界古代中世纪史上的一大奇观。

在日本派遣唐使的同时，唐朝中央朝廷、唐驻朝百济镇将、
唐朝东北地方政权渤海国，亦经常派出赴日使节、使团。唐中央
朝廷与唐驻百济镇将从 632—778 年共派出赴日唐使 8 次。日渤交
往，以使节往还为中心，进行了极为丰富、独具特色的文化交流。
渤海国赴日使节团，从 727 年首次派出至 919 年最后一次派出，
多达 34 次，而日本赴渤海国使节团从 728 年至 810 年亦有 13 次。
渤海与日本的文化交流进一步丰富和加强了盛唐文化对日本的传
播和影响，在日最后一次入唐遣唐使[3] 后的 838 年至 920 年的 80
多年间，渤日交流往来更成为中日文化交流的一个重要渠道，具
有不可忽视的意义。[4]

---

[1] 遣唐使的任命次数，学界有 18 次、19 次、20 次诸说，成行亦有 15 次、
16 次等说，今从王勇《日本文化》第 192 页、198 页的 20 次，16 次成行之说。

[2] 笔者赞同武安隆《遣唐使》（黑龙江人民出版社，1985 年版）第 31 页及
注释之说，认为 667 年日本派伊吉博德送回法聪一次，并未入唐。

[3] 日本 834 年任命的遣唐使，因出发受阻，于 838 年方成行，839 年、840
年陆续回到日本。实际上是入唐最后一批遣唐使。

[4] 一般论及中日文化交流的著述，较少提及渤日交流。笔者赞同武安隆《遣
唐使》一书中辟专章阐述渤日关系的态度和观点。该书第 163～170 页制一览
表叙及各次渤日使节的姓名、人数、到达离开的时间、靠岸地点及备注说明等，
极具参考价值。

日本遣唐使团成员，一般每次均有使团四官，即大使、副使、判官、录事等正式外交官员，此外则有船长、造船技师、翻译、医师、画师、文书、各行业工匠、音乐师、警卫、杂役、水手及主神祭祀、阴阳师等近 30 类职别的成员。此外每次随行的还有十几到二十余名留学生（僧），总计应有二三百人。现在能在各种文献著述中查出姓名者 120 多人。木宫泰彦在《日中文化交流史》中列有 149 人的"遣唐学生、学问僧一览表"，^① 因包含有并未实际到中国的 20 多人，故可计为 120 多人。^② 武安隆则对木宫泰彦表列的 149 人逐个进行了考证分析，认为遣唐留学生为 26 人，留学僧为 90 人，共计 116 人，并分别列出一览表。^③ 笔者赞同 116 人的说法。

遣唐使当然负有与唐通好等外交使命，首先是日本对唐外交活动的使者，同时又是对唐进行商业活动的贸易团体，特别引人注目的是，历次遣唐使团均是一批批人才济济的文化使者。

遣唐使全面广泛地考察、学习、吸收引进中国的政治法律制度、经济制度、工艺、生产、建筑技术、儒学、佛学、道家、法家、文化艺术、天文历法、书法、音乐、舞蹈以及衣食住行、生活习俗，等等。

遣唐使团来唐后，一般都要朝见唐朝皇帝、进献贡物、参观

---

① ［日］木宫泰彦：《日中文化交流史》，商务印书馆，1980 年版第 126 ～ 150 页。
② 胡锡年：《唐代的日本留学生》，载《陕西师大学报》，1981 年第 1 期第 36 页。后收入中国日本史研究会《日本史论文集》，三联书店，1982 年版。
③ 武安隆：《遣唐使》，黑龙江人民出版社，1985 年版第 86 ～ 90 页、第 111 ～ 120 页。

宫廷府库藏书及名胜古迹。唐朝主管礼仪的官署鸿胪寺下设典客署，专门管理外国使团的迎送接待以及交易、互市等。遣唐使团及成员们从日本带来各种土特产品，部分送给唐政府及相关官员和友人，尚有许多专为交易的货物，如丝、绵、布及银钱等，又有得到中国方面的各种礼物赠品，于是使团在唐朝的市场上进行各种交易，甚至是大宗货物的贸易，从而活跃和促进了中日经济贸易关系。不仅中国的货物商品大量输入日本，中国唐代的货币亦大量带入日本，公元621年唐朝开始发行的"开元通宝"，在日本全国北自北海道，南至九州，均有大量出土发现，多达数万枚。最早出土的是8世纪的，亦有与宋代、明代古钱币一起出土的。可以说，唐代货币"开元通宝"很可能在自唐至明的数百年间，曾与日本货币一同在日本通用。日本元明天皇和同元年（708），仿唐"开元通宝"形状，铸造银钱和铜钱"和同开珎"（一般认

开元通宝   "和同开珎"银币

为"珎"即是"珍"的异体字，亦有认为是"寶"字的简化字），虽流通不广且很快废停，但亦传入中国。1970 年 10 月，在中国西安何家村（原唐朝长安城兴化坊址），出土了五枚"和同开珎"银币，很可能是遣唐使作为赠品而传入唐朝的。

日本遣隋使、遣唐使作为中日友好和文化交流的桥梁，建立起两国悠久而深厚的交往关系。中国隋唐文化不断传入日本，丰富了日本物质文化生活和精神文化生活。隋唐时代的中日文化交流高潮，当之无愧地被称为古代中日文化交流的巅峰。

在长达 200 多年间，数十次遣唐使团大批官员、工匠、留学生、学问僧等人的来往，加之唐中央政府、唐驻百济镇将、唐东北地方政权渤海国也经常派使赴日，进行友好交往，唐政府 3 次，百济镇将 5 次，渤海国派赴日使节 34 次（日赴渤海国使节 13 次）的交往，使日本在各方面大量吸收、摄取隋唐文化，在各个领域均发生和具有全面、深刻而长久的巨大影响。

首先是生产技术方面的交流。隋唐时期，中国先进的手工业生产技术和相关知识持续不断地传入日本后，就被日本普遍运用。日本以农耕水田为本，却有难于灌溉的不便之处，于是便仿效中国制造了手推、脚踏、牛拉等不同类型的水车。为发展农业生产，还从中国引入大型农锄，名为"唐锄"。唐朝的冶炼技术传入日本被称为"唐锻冶"，其他类似的还有"唐纸""唐织""唐物""唐绘"等名称。唐代的手工工艺技术传入日本，使日本有了或大大提高了金银器、贝类雕刻、漆器、蜡染、木雕等工艺技术，丰富了日本人的物质文化生活。与之相关的中国医学、医术相继传入日本。中国第一部药典《新修本草》在成书 50 多年后，即传入日本。713 年已有日本手抄本，并被列入医科学生必修课本。唐代医学传入日本经日本补充发展，形成日本的"汉方医学"。唐政府设有太医署，设置医博士、针博士、按摩博士。日本也专设典药寮，设置医、针、按摩博士等各一人，培养医生、针生、按摩生，其学习内容和制度基本上搬用唐制。唐代著名高僧鉴真大师也将大量中国医药学知识带到日本。日本 10 世纪初编成的最早药书《本草和名》中就有对鉴真的记载，直至 17—18 世纪，日本药店的药袋上仍印有鉴真的图像，足见鉴真仅在医药学方面就受到日本医药界的尊敬。在天文、历算方面，隋唐时期也和日本有广泛交流。7 世纪中叶，日本开始用漏刻器计时，此后又设占星台（即天文台），还在中务省设立阴阳寮，有阴阳、历、天文博士各一人，传授天文、历算知识。中国历法也传入日本并被采用，9 世纪中叶后，日改用唐宣明历，直至 17 世纪末。

其次，从政治体制、经济制度等方面考察，对日影响最大的当属大化改新。遣隋使中的留学生（僧）有南渊请安、高向玄理、僧旻等人，他们在中国二三十年后回日本，在大化改新过程中发挥了极大的作用。大化改新是以隋唐的政治、经济、学制等为效法模式进行的一次重大的社会政治、经济改革。大化改新后的日本中央和地方官制，均基本上仿照唐朝的官制，中央设二官（神祇、太政）、八省（中务、式部、治部、民部、兵部、刑部、大藏、宫内）一台（弹正台），地方设国（县）、郡、里（乡）。从大化改新开始，日本建立了以律令为基础进行统治的中央集权的官僚国家体制，仿唐制，相继制定《近江令》《大宝律令》等，日渐成为封建法式完备的国家。在社会经济体制方面，律令国家的财政基础是租、庸、调和徭役，亦仿效唐朝的有关制度。特别是土地制度方面，日本仿效唐代的均田制，制定、颁行了班田收授制。班田收授法是大化改新的最重要内容之一，也是律令制土地制度的根本法，因其是在唐代均田制影响下制定的，故学界称唐代均田制为"班田制的母法"。① 在学制方面，日本也仿效唐朝的学制。在中央设大学寮，内分四道（即明经、经传、明法、算道四科），地方上在各国（县）设国学，所学课程亦与唐朝一样。

最后，通过遣唐使，日本还吸收了中国的思想文化，包括宗教、儒学、文学、艺术以至日常生活的衣食住行等习俗。

书籍是传播文化的最重要的媒介之一。当时，也就是古代东亚世界诸国，接受、拥有中国书籍的多寡，曾是衡量其文明程度的重要标志。故千方百计地购求中国书籍尤为遣唐使团所重视。

日本遣唐使团在二三百年中，所负使命多有变化，但购求中国书籍却始终是其主要任务之一。第二次遣唐大使吉士长丹等因由唐带回很多书籍和宝物而得到天皇赏赐。② 第八次遣唐使多次比县守将唐朝廷所给赏赐"尽市文籍返海而还"。③ 遣唐使官员"所得赐赍，尽市文籍"。随行之僧俗也将"求书"作为要务。玄昉作为留学僧，仅一次从中国带回日本的佛教经论达 5000 多卷，约

---

① 史丽华：《日本班田令与唐代均田令的比较》，载中国日本史学会编：《日本史论文集》，辽宁人民出版社，1985 年版第 47 页。
② 《日本书纪》"白雉五年七月"条。
③ 《旧唐书·倭国日本传》。

"入唐八家"之最澄，载于日本《艺术新潮》杂志 1974 年 10 月号

相当于唐代一切经的总数；留学生吉备真备，回日时携带《唐礼》《乐书要略》等共达150余卷。号称"入唐八家"的最澄、空海及其弟子常晓、圆行、圆仁、惠运、圆珍、宗睿，在中国求得数以千计的经卷，其所编的"请来目录"，传承至今。[①] 其所列目录总数达2万卷以上。当然，中国书籍传入日本还有其他多种渠道。如唐朝政府的赏赐、友人的赠予、唐朝赴日人员携带、唐朝商人所运载以及作为重要中介新罗、渤海的间接渠道，等等。

在意识形态各领域，日本均受到唐文化的明显影响。首先是受中国儒家思想的影响。早在日本圣德太子进行推古朝改革时，所行"冠位十二阶"及"宪法十七条"，大都是依儒学思想行事的，大化改新时的施政、律令的制定等，亦受儒学极大影响。日本于701年开始仿效唐朝的祭孔，后更效仿唐制整顿礼节，祭孔规模更大，还追尊孔子为文宣王。日本从8世

藏于奈良东大寺的卢舍那佛像

---

① 关于中日书籍交流，可参见王勇、大庭脩主编：《中日文化交流史大系·9·典籍卷》，浙江人民出版社，1996年版。王勇的《日本文化——模仿与创新的轨迹》第216～217页——列出了"入唐八家""请来目录"。王勇《书物的中日交流史》（日本国际文化工房2005年版）第31页亦详列了"请来书目"，可资参考。

纪初，在中国史书的启迪下，为给以天皇为中心的中央集权国家存在制造舆论，天皇敕撰了日本六部国史（即《日本书纪》《续日本纪》《日本后纪》《续日本后纪》《文德天皇实录》《三代实录》）。这六部国史，在思想内容上，用中国史书中宣扬皇帝圣明的表述，宣扬天皇万世一系的思想，贯穿和反映了儒家的"德治"和"王名论"思想。其次是受中国传入日本的佛教思想的影响。大化改新后，佛教转变为国家佛教，即佛教在日本受到以天皇为中心的整个统治阶级的尊崇。在奈良时代（710—784），唐代的佛教六个宗派传入日本，被称为"奈良六宗"（三论宗、成实宗、法相宗、俱舍宗、华严宗、律宗）。在奈良六宗传入日本的同时，唐朝的建筑、雕塑、绘画、书法、医药知识，也随之传入日本，特别是大量佛教经典传入日本，成为日本佛教发展的重要转折点。在奈良时代，日本在奈良建东大寺，在全国各地建立国分寺、国分尼寺，建成了一整套"镇护国家"，与政治密切结合的国家佛教。发展到平安时代（794—1185），由最澄到中国天台山学天台宗，回日后在比睿山创天台宗。空海与最澄于804年同时入唐，到长安青龙寺

空海大师画像

学习密宗，806 年回日本时带回大量密宗经典和真言法器，807 年奉敕入京，献经论法器给平城天皇，天皇准其传布密教。从此空海在奈良久米寺宣讲《大日经》《大日经疏》等，标志着日本真言宗成立，空海成为日本真言宗的开山师祖。在日本，佛教曾被当作大陆先进文化的代表，长期处于施政施教的指导地位，在维护日本国家统一和吸收大陆先进文化中起着重要作用。日本佛教强调"奉佛修法""积福灭灾""镇护国家"，与古代天皇制的政治有着直接的密切联系，有不少僧人甚至直接参与政治活动。直到江户时代（1603—1868）前，儒学和神道一直处于从属地位，佛教势力一直最大。

由于日本接受的是由中国传入的佛教，且始终把抄写、传授中国的汉译佛教经典和高僧的汉文著述作为兴隆日本佛教的重要事业，加之日本购求各种汉文典籍极其丰富，而要理解这些典籍必须掌握中文。因而日本统治阶级一直努力学习掌握汉语。在奈良时代，形成了日本的汉文学。日本也效仿唐朝重视文章诗赋，日本贵族中涌现出不少汉诗人。751 年编成了日本第一部汉诗集《怀风藻》。到平安时代的 9 世纪，先后有了敕编的三部汉诗集《凌云集》《文华秀丽集》和《经国集》。白居易的诗集《白氏文集》于 9 世纪 20 年代开始传入日本后，影响极大，尤其是他的《长恨歌》，对日本诗歌影响巨大而持久。唐人的传奇小说《游仙窟》等，从 8 世纪后就开始在日本流行。日本的和歌及长篇小说，如最古的和歌集《万叶集》、著名长篇小说《源氏物语》等也都受到中国文学的影响。在书法（日本称为书道）

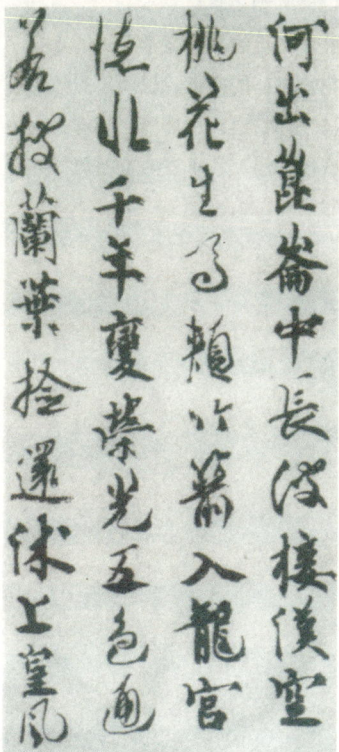

9世纪初，日本嵯峨天皇授意编选了第一部汉诗集《凌云集》。图为嵯峨天皇画像及手迹。载于北京大学出版社2008年版《插图本日本文学史》

方面，王羲之、王献之父子及欧阳询等人的书法因唐日交流而传入日本后，风靡一时，在日本出现了号称"三笔"的桔逸势、空海和嵯峨天皇三位书道大家，表明其已深得唐人三昧。

14 世纪嵯峨天皇的画像

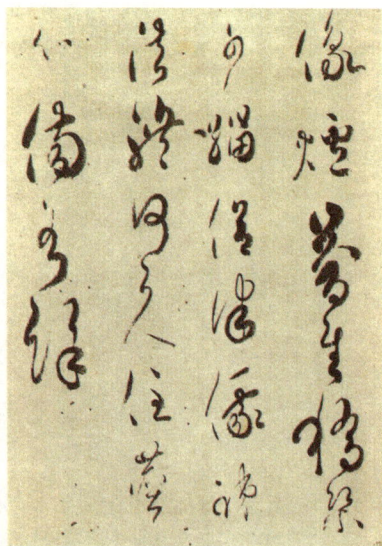

嵯峨天皇在最澄死后所写草书作品《哭最澄人诗》

在建筑及绘画方面，日本也普遍受到唐朝的影响。宫城建筑就是在唐朝的影响下，依照长安的布局建造了首都平城京（奈良）和规模更大的平安京（京都）。佛教寺院建筑更是受中国影响，如东大寺的三月堂和庸招提寺金堂等，与唐朝佛殿相似之处极多，成为后来日本寺院建筑的基本形式。在佛教画和装饰画方面，如正仓院的"鸟毛立女图"屏风画，药师寺的吉祥天画像等，都与唐代风格极为相似。保存在正仓院的数千件珍贵文物，多为中国隋唐时期传入日本的和日本工匠的仿制品。许多日本手工艺品，亦可看出是学习的唐朝手工艺技法并达到了很高的水平。

日本正仓院里的平螺钿背八角镜

日本正仓院里的银薰炉

其他如音乐、舞蹈、体育以至日常生活的衣食住行等生活习俗，日本均深受唐朝的影响。在8世纪初，日本模仿唐朝也设立了"雅乐寮"，教授歌舞音乐，有唐乐师、伎乐师等，并传入隋唐乐曲100多首。日本遣唐使中有乐师随行。藤原贞敏在长安随刘二郎学琵琶，两三个月就学会不少曲子。刘二郎不仅送给藤原贞敏几十卷曲谱，还把擅长琴、筝的女儿嫁给了他。藤原回日本后先后担任了日本"雅宗助""雅乐头"等职。留学生吉备真备归国时，也带回《乐书要录》10卷和音乐定律的标准仪器铜律管。此外，留居日本的唐人袁晋卿、皇甫东朝等人也都对传播唐乐有所贡献。中国隋唐时期的音乐、舞蹈传到日本后，得到长时期的流传。中国南北朝和隋唐时期的著名乐舞《兰陵王破阵乐》在唐代传入日本后，其乐曲和舞蹈时所戴的假面等，一直保存至今。日本奈良正仓院保存有许多音乐舞蹈的用具，如假面、和笛、琴、筝、箜篌、唐琵琶、排箫等古乐器。《天平琵琶谱》是天平19年（747）抄写的，所用符号和记谱方法与我国敦煌出土的唐乐谱十分相似。中日两国的体育交流在这一时期亦有进行，发源于中国的围棋，在唐代传入日本后广泛流行并兴盛于日本就是最好的例证。遣唐使团中已有围棋高手随行，并曾与中国选手对弈。

在日本的风俗习惯中，亦有大量的中日文化交流事例。如正月饮屠苏酒、端午饮菖蒲酒，以及七夕、七月十五盂兰会、九月九日重阳等节令活动就是唐代传入日本的。茶叶于奈良时期传入日本后，专供药用，平安时期则兴起饮茶之风，日本宫廷宴会也开始采用中国的烹调方法。日本的和服，实际上就是模仿唐朝人

日本屠苏酒酒器

的服装。日本人习惯席地而坐，而中国人从古代一直到宋朝均是如此。在食的方面，唐朝时在饭桌上，每人面前各有一个盘子，其中有酒、菜等，五代时的名画《韩熙载夜宴图》就显示了这一现象。日本现在的宴会上还保留着这样的风俗。

总之，"七世纪时，日本在经济、文化上都远远落后于中国，并且还保留着许多氏族社会的残余。因此，当时的日本先后派遣隋使和遣唐使到中国学习"。"日本在奈良时期以后，大量地吸取了中国的文化和制度。"甚至可以说，如果没有隋唐这一时期的文化交流，"日本后来的历史发展很可能是另一种面貌"。[①]

在唐日文化交流中，当然主要是日本向唐学习，但在某些方面日本也有独到之处，这一时期也有日本文化对唐的输出。平安时代，在唐朝文化的熏陶下，日本成长起一批著名的学者和诗人，如菅原道真、纪长谷雄、桔广相、都良香等，他们的诗文集开始向中国输出并在中国流传。日本人撰写的汉文书籍，也逆向回流到中国。王勇在《日本汉文书籍的回流》中举出了圣德太子的《三经义疏》，最澄携书入唐，如淡海三船的《大乘起信论注》、石上宅嗣的《三藏赞颂》、最澄的《显戒论》等。[②] 武安隆在日本文化对唐的"逆输出"一节中举出了棉花、棉布和日本精良的纸张，日本能工巧匠的制作器具及围棋国手与中国棋手的比赛和交流，等等。[③]

---

① 周一良：《一衣带水源远流长——中日文化交流》，载《文明的运势》，人民出版社，1992 年版第 4 页。
② 王勇：《日本文化》，高等教育出版社，2001 年版第 220～221 页。
③ 武安隆：《遣唐使》，黑龙江人民出版社，1985 年版第 233～237 页。

《韩熙载夜宴图》局部，五代十国南唐顾闳中作，现存宋摹本，绢本设色，北京故宫博物院藏

在第二次文化交流高潮中，所涌现的杰出人物极多，犹如布满夜空的繁星，隋唐时代，即日本奈良、平安时代确实是群星璀璨的时代。

隋代中日交流的主要代表人物是著名的小野妹子和裴世清，以及留在中国十几二十年，至盛唐时才回日本的一批留学生（僧），如南渊请安、高向玄理、僧旻等人。而日本派遣唐使团时，选任使团四官（大使、副使、判官、录事）极为严格，除外交才能外，还须有堂堂仪表、优雅风度及较深的修养。到中国后，大多能给唐朝官民留下良好印象。如遣唐大使粟田真人，《旧唐书·东夷传》对其详细描写后还给予了很高的评价；唐玄宗对藤原清河大使就极为赏识，藤原后来长期仕唐，地位显赫，是位有非凡魅力的人物。而许多遣隋、遣唐留学生（僧），多为"中国通"，其中一些在日本大化改新中发挥了巨大作用。南渊请安就参与了大化改新，高向玄理、僧旻更被聘为大化改新后的政府顾问"国博士"，在大化新政改革，移植隋唐中央集权制度、律令体制过程中发挥了不容忽视的作用。

而随遣唐使团来中国的日本留学生（僧）中，最著名的是埋骨盛唐的阿倍仲麻吕，他汉名晁（或朝）衡，唐朝著名诗人王维在告别宴会上为已留唐朝36年的阿倍仲麻吕写下了名篇《送秘书晁监还日本并序》。在长序中称赞日本"服圣之训，有君子之风，正朔本乎夏时，衣裳同乎汉制"，充分反映了日本当时受中国文化影响之深。其诗中写道："积水不可极，安知沧海东。九州何处远，万里若乘空。""乡村扶桑外，主人孤岛中。

别离方异域，音信若为通。"①表达了对阿倍仲麻吕的深情厚谊，其感情真挚，今日读来依然会被深深感动。当著名诗人李白听到阿倍仲麻吕归国途中遇难的传闻时，含泪写下了情深意切且无限忧伤悲哀的《哭朝卿衡》："日本朝卿辞帝都，征帆一片绕蓬壶。明月不归沉碧海，白云愁色满苍梧。"②这首诗将其比喻

阿倍仲麻吕画像

① 《全唐诗》一二七、一八四卷。转引自孙东临、李中华《中日交往汉诗选注》，春风文艺出版社，1988 年版第 8 页。
② 《全唐诗》一二七、一八四卷。转引自孙东临、李中华《中日交往汉诗选注》，春风文艺出版社，1988 年版第 10 页。

为最珍贵的名为"明月"的宝珠，充分表明其在李白心中的地位和他们的情谊之深。阿倍仲麻吕幸免于难，辗转回到长安直至 770 年终老长安。李白的千古名句"悼诗"成为中日文人心灵及情感交融的佳话。在他逝世 1200 年后，中日两国人民在西安、奈良分别为他建立了纪念碑。

一生努力吸收中国文化，归国后为日本文化发展和中日文化交流做出了重大贡献的吉备真备，则是遣唐留学生的优秀代表。他回日本后，官至右大臣，是古代日本由学者成为大臣的两个人之一（另一位是菅原道真）。他在教育、文化、军事、刑律、建筑、历法等各领域均多有建树。

遣唐留学僧中著名者多达数十人，如道昭、智通、智达、智藏、玄昉、普照、最澄、园仁、惠运、国珍、宗睿、空海等。最著名的亦有十余人。如空海，即弘法大师，804 年入唐后在长安青龙寺随惠果高僧学密教，是日本真言宗始祖。擅长书法，和嵯峨天皇、桔逸势并称为"三笔"，相传他曾为长安皇宫墙壁上脱落的王羲之题字补壁补字，只见他口衔一笔、双手、两足各持一笔，同时书写五行。最后差一字，空海写了一个"树"字，如王羲之的笔法惟妙惟肖。唐顺宗见后，甚为赞叹，因此授予他"五笔和尚"称号。① 他写的汉诗名句"看竹看花本国春，人声鸟弄汉家新""表达了空海学习和传播中国文化，以及丰富和发展了正在形成中的

---

① 黄道立：《中日友好的先驱——日本著名高僧空海》，商务印书馆，1984 年版第 15 页。

日本文化的真挚感情"。①806 年，他回国时带回大量经典书籍、佛像、佛具等物。归国后，他不仅在日本创立了佛教真言宗，还在语言、文学、书法、宗教、哲学思想、绘画、雕刻、建筑、音乐等各方面，传播中国文化、促进日本文化发展，做出了超过前人的贡献。日本人一直将其看作一位圣者。

而东渡日本的中国名僧鉴真，则是璀璨群星中最耀眼的一颗。中国扬州大明寺的住持、著名高僧鉴真，742 年受日本来华的学问僧荣睿、普照的邀请赴日传道，遂于 743 年开始东渡，但鉴真在从 743 年起的 11 年中，五次东渡，均告失败，付出了极大的代价，

鉴真和尚真像，日本最早的肖像雕刻，位于奈良唐招提寺

① 黄道立：《中日友好的先驱——日本著名高僧空海》，商务印书馆，1984 年版第 18 页。

中日先后有 36 人牺牲性命，鉴真亦双目失明。但他赴日传播中国佛教文化之志愈坚，以 65 岁高龄，不顾失明，毅然进行第六次东渡，在 753 年终获成功。鉴真一行到日后受到热烈欢迎，被安置在日本首都奈良最著名的东大寺授戒传播律宗。鉴真亲自设计并与其弟子、工匠建造了唐招提寺，此后就在该寺授戒传律，鉴真则成为日本律宗始祖。唐招提寺的建筑方式反映了唐代的最新成就，已被日本列为国宝。鉴真还为日本的雕刻、医学和药物学做出了巨大的贡献，他被日本医药界尊为始祖。直到德川幕府时期，日本药行的药袋上一直印有鉴真像。1979 年，中国的中央实验话剧院排演了鉴真东渡六场话剧。赵朴初先生为演出写下了"发扬鉴真精神，为中日文化交流事业而辛勤努力"的题词。1980 年鉴真和尚的干漆像（亦是日本国宝），被护送回扬州大明寺巡展，10 余万人前去瞻仰。后在北京中国历史博物馆和法源寺展出，参观人员空前热烈。现在大明寺也仿造了奈良唐招提寺和鉴真纪念堂。1000 多年来，中日两国人民一直牢记着鉴真。郭沫若为扬州鉴真纪念堂所题诗句写道："鉴真盲目航东海，一片精诚照太清。舍己为人传道艺，唐风扬溢奈良城。"

值得提及的还有留下著名访华游记《入唐求法巡礼行记》（以下简称《行记》）一书的慈觉大师园仁和尚。园仁是随遣唐使入唐的僧人，835 年开始西渡，经两次失败，到 838 年第三次才到达中国。他在唐 10 年，写下 4 卷本《行记》，对唐代政治、外交、经济、文化、宗教及风俗等均有记载，还对唐代中日的交通往来及文化交流做了记录，是中日文化交流史上十分珍贵的文献，有

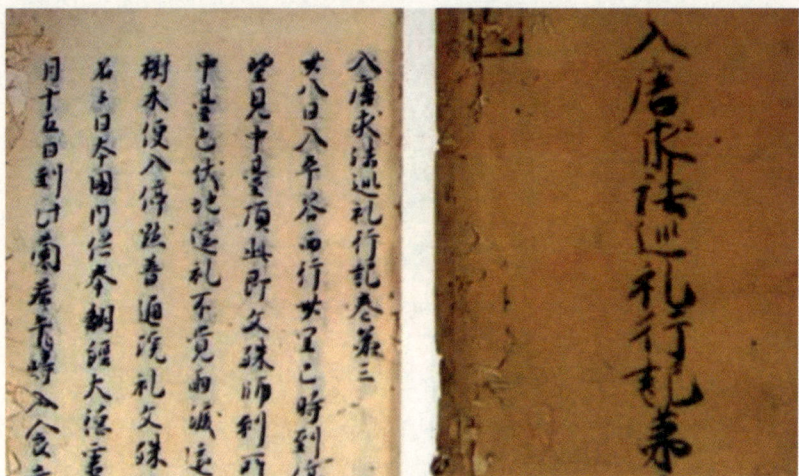

《入唐求法巡礼行记》书影

的学者甚至将《行记》与《马可波罗游记》相提并论。

综观隋唐时期的中日文化交流，即中日文化交流第二次高潮，可以大致概括其具有以下四大特征：

一是中日两国间主要是友好的往来，中国为主体，文化为高势位；日本则为客体，低势位。在这次交流高潮中，日本积极主动，以鲸吸百川的气势，大规模、长时期地学习和移植隋唐文化的各个层面。形成日本全面"唐化"的局面。在物质层面上，学习、输入和移植中国农业、手工业器具及知识技术；在经济层面上，学习移植中国的土地制度、赋役制度、生产关系等各个方面；在政治层面上，其中心是全面学习、移植中央集权政治体制、统治机构、法律、法令体制、典章制度，等等；在精神文化层面，首先是思想、宗教、意识形态各个领域，其次是文学、艺术领域，最后是衣食住行及风俗习惯各个方面。当然，唐日交流重要者，当属制度文化层面，推古朝改革、大化改新，日本学习、移植中国律令制等是其集中表现。

二是中日均以国家间的交流为主导、主流。日本第一次以国家规模、大力地、有组织地自觉吸收、移植中国先进文化；隋唐政府也采取对外开放政策，对日本等一切追求隋唐文化的国家和民族，敞开胸怀，热情交往，积极传播隋唐文化。两国交流路线是以海路，即直接跨海航行为主。日本以遣隋史、遣唐使方式为中心，不惜倾其国力，冒着旅途艰险，在200多年间一批又一批地往来于东海惊涛骇浪中，与隋唐进行长期交往。日本这样做的目的：（1）提高日本的国际至少是东亚的地位；（2）吸收和移植中国先进文化，以促使日本的迅速发展和社会进步；（3）满足日本贵族享受世界上一流的物质文明和精神文明的需求。中国唐朝在8世纪前后是处于极盛时代，是东亚政治、经济、文化交流中心，对外开放，对日本等一切国家的交流代表，均热情接待、照顾。虽然曾在663年初唐时期，与日本在朝鲜进行了白江口之战（中日间的第一次战争），并且强盛的唐军（与朝鲜新罗联军）焚日军舟400艘，大败日军。但唐采取和解态度，恢复了和平邦交，才迎来了200多年的和平的文化交流高潮。"和则两利，斗则俱损"亦是重要的历史经验。

三是日本吸收、移植中国先进文化逐渐走向科学和成熟。日本对中国文化的理解，是很初步的，甚至可以说是十分浅显的，带有机械模仿和盲目照搬的痕迹，开始时更加明显。随着时日的发展，日本逐渐深入地理解了中国文化制度的精神实质。在中国文化对日本的影响方面，起初亦只限于朝廷、官府和统治阶级上层，后来才逐渐扩展至民间。尤其是日本吸收、移植中国文化时，如对唐的典章制度，还是注意根据日本国情，有所变通，这些均表现了日本人的创造性和求实精神，并成为日本吸收外来文化时的基本模式。

四是日本在这时的交流高潮中，开始首次出现日本文化对唐朝文化的"逆输出"和日本汉文书籍向唐朝的"回流"。这当然是一件了不起的大事，应充分重视并尽力发掘。但也应看到这是文化交流上最平常、最普通的事，是必然的，是正常的，因为文化交流是双向的，甚至是多向的。中国先进文化的输出，不仅是给予，更不仅仅是"施舍"；日本对唐文化的输入，不仅是领受，更不仅仅是"讨取"。唐帝国时，中国的强盛和深厚而高度发展的文明，使盛唐具有海纳百川的气魄。不仅能以中华文明的开放性、包容性对待外来文明，汲取一切外来文化加以酿造，形成令人倾慕的唐文化，而且以宽阔的胸怀和气度，任凭愿意吸纳唐文化的民族、国家吸收移植，亦凭借强大的国力，使唐文化向四域广泛地传播。正因如此，唐文化在输出时，就扩大了自身的生存空间；唐朝在接受输入和回流时更丰富、充实了唐文化。双向、多向的文化交流和互动，使中国优秀的文化具有永恒的生命力，使中华文明获得永生。正是在中日间文化的这种双向交流中，才最终形成了中日文化交流史上的第二次，也是空前的极为宏伟壮观、极其丰富多彩的文化交流高潮。

中日文化交流的第三次高潮

宋代，特别是南宋时期，是中日文化交流的第三次高潮时期。

公元 907 年唐朝灭亡后，中国北部相继兴废的有后梁、后唐、后晋、后汉、后周 5 个朝代；中国南部及北部的山西与中国北部在同一时期先后建立有吴、吴越、南唐、闽、南汉、楚、南平、前蜀、后蜀、北汉 10 个政权，史称"五代十国"。五代后期，统一趋势出现，960 年宋朝取代后周，979 年宋灭北汉，五代十国最终结束。这一时期，日本正处于古代政治、经济转折期，律令制、班田制逐渐被破坏、废弃，摄关政治体制确立，庄园制开始形成，也发生一系列严重的叛乱事件如"平将门之乱""藤原

筑土神社的平将门像

纯友之乱"等。因此，五代十国时，中日之间的交流已不可与隋唐时期同日而语。

但在五代十国时期，中日双方通过民间商人、佛教僧人的来往，联系仍一如既往，"商船的往来意外地频繁""这些往来的船只，全是中国船，日本船一只也没有。而中国船中，几乎又都是吴越的船只"。① 在此期间，往来贸易的中国商人常常兼任中日间两方的信使。从公元936年起，吴越王就曾数次委托商人带信件、礼品给日政府官员，日本官员也常托中国商人带复函和土特产回国，中国商人的确发挥了特殊的作用。而到中国来的日本僧人、学者更充当了外交使节和文化使者的重要角色。中国商人和日本僧人在商品物资交换、书籍往来、建筑雕刻、佛教经疏和思想交流、工艺美术、文学艺术等方面的中日文化交流中，做出了很大贡献。

五代十国时期，虽然日本采取闭关政策，禁止日本人出国贸易，但仍欢迎中国商船。虽然中国分裂割据，但江南在几十年间还基本稳定，所以由商人、僧人保持和延续了中日两国友好往来的传统关系，在政治、经济和文化各方面都还进行了广泛的交流。进入宋代，各种条件更好，则迎来了又一次中日文化交流的高潮。

公元960年，中国北宋王朝开始，并统一了中国大部，经济、文化均有新的发展，国内外的商业贸易十分活跃。日本此时，庄园领主势力增大，中央统治力衰弱，朝廷的闭关政策名存实亡，

① ［日］中村新太郎：《日中两千年》，吉林人民出版社，1980年版第161页。

贵族及新兴武士首领积极谋求对外开展经济贸易获取更大利益。中日双方一拍即合，两国间商船的往返日趋频繁和活跃。据日本不完全统计，978—1116 年，北宋渡日商船达 70 次，失于记载的肯定还有不少。① 北宋商船频频东渡，揭开了中日经济交流史上民间经营对日贸易的新高潮。北宋商船赴日次数，平均约为两年一次，其规模和频繁程度，均远远超过隋唐五代时期，在中日经济交流史和文化交流史上，都是前所未有的。

1127—1279 年是中国的南宋时期，亦是日本平安时代末期和日本第一个武家当政的镰仓幕府时期。日本 1167 年平氏执政，特别是平清盛任太政大臣，左右日本政局时期，对中日往来有极大的兴趣和热情。他修筑大轮田泊（兵库港，现神户港），疏通濑户内海航道，积极展开对南宋的贸易，他废除了禁止日本人出海贸易的闭关政策，使日船入宋"舳舻相衔"。1170 年，平清盛请后白河法皇到摄津福原自己的别庄住所接见南宋商

镰仓幕府（1192—1333 年），国徽

---

① ［日］木宫泰彦：《日中文化交流史》，第 238～241 页列有"日本和北宋往来一览表"，详细列明了宋船 70 次渡日的年代、人员、抵达地及资料依据等。

人。这是日本停派遣唐使后从未有过之事。平氏亦大造舆论，扩大对与南宋交往的声势，日宋通交十分兴盛，宋代文化亦大量输出到日本。中国的千卷历史文献巨著、百科全书《太平御览》，由日商在宋购买后进献平清盛，再经他之手呈献给安德天皇，成为皇室和贵族们的必读之书。平清盛对禅宗传入日本和宋钱在日本流通均起了积极的作用。他不仅发展了日本的民族经济和对外贸易，自己也成为拥有"扬州之金、荆门之珠、吴郡之绫、蜀江

平清盛画像，存于日本三之丸尚藏馆

之锦、七珍八宝，无所不有"的巨富。[①]1192 年源氏打败平氏，由源赖朝建立起日本第一个武家政权镰仓幕府。幕府继续与南宋进行密切交往，并经常接见南宋商人。第三代幕府将军源实朝在 1216 年密令建造大船，1217 年大船造成后，他亲自指挥数百人拖拉大船入水，并准备乘此大船前往中国访问，但因海岸水浅，大船不能航行而被迫停止。此事成为宋日交往中的一段"离奇"的佳话。

宋代形成继隋唐之后的又一次中日文化交流的高潮，不仅主要反映在两国积极开展贸易，商人往来频繁，而且反映在双方的僧侣互相往来方面。两宋时期，特别是南宋时期，是中日佛教交流史上值得大书一笔的时期，其交流人数、规模、作用及影响等各个方面，均呈现出继隋唐之后的又一盛况。

在北宋 160 多年间，来宋的日本求法僧人并不多，在史籍上留有记载的仅有 22 人，如奝（音 diāo）然、寂照、成寻等著名僧人，他们均对促进中日佛教文化发展做出了巨大贡献。983 年入宋的奝然为日本第一位来宋僧人，在华 4 年，遍访五台山、天台山等佛教圣地名寺，曾进谒宋太宗，进献日本铜器 10 余件、《孝经郑氏注》1 卷、越王《孝经新义》第 15 卷、《王年代记》《职员令》各 1 卷等书籍。以书（笔）对答太宗所问，详细介绍日本状况，使太宗大发感慨，并"存抚之甚厚"，赐三品以上才准穿戴的紫

---

① 赵建民：《武家政权的开创者——平清盛》转引《平家物语》之句，载《日本历史人物传·古代中世篇》，黑龙江人民出版社，1984 年版第 131 页。

衣袍，敕其法济大师号。奝然返日时，带回了太宗所赐新刻本大藏经5000卷（现今日本京都、奈良等各大寺院中收藏的宋版《大藏经》达10余部，均为此后陆续传入日本的）、新译经286卷和旃（音zhān）檀释迦佛像及一幅十六罗汉画等。他回日后住东大寺，两年后任该寺总掌寺务的东大寺"别当"。他著有《入唐记》《在唐记》。他于988年派其弟子嘉因等来华，并带来珍贵礼物进献。计有青木函佛经、念珠、螺钿书案、书几，泥障日本画屏风一对、蝙蝠扇二枚、日本刀及日本著名书法家腾原佐理的手书二卷等十多种。之所以较为详细地写下奝然入宋情况，是欲以其为典型代表，其人其事也确实是宋代中日文化交流的缩影。中国《宋史·日本传》用五分之四的篇幅1000多字详细记载了奝然入宋、被召见、献礼物、笔答宋太宗问、太宗赐紫衣、发感慨及派弟子献书信、献礼品等情况，这在中国官修正史中是绝无仅有的。①

日本天台宗名僧寂照于1004年率僧人7人朝见宋真宗，真宗赐寂照圆通大师号，并赐紫衣袍。寂照曾被宋任命为苏州僧录司。在宋期间，他积极进行广泛的文化交流，深得宋朝僧俗官民的敬重。据说他在宋30年，圆寂于杭州。

成寻率弟子7人于1072年入宋，朝拜过天台山、五台山等名山圣迹后到宋都洛阳。被宋神宗召见，赐予紫衣并大量绢帛。他在天台山、五台山修行，让弟子先回日本，神宗托成寻弟子带亲笔信给日本朝廷，还随信赠日本法华经和绵（蚕丝纺织而成的丝

---

① 《宋史·日本传》，其注释说明详尽者，当属汪向荣、夏应元编：《中日关系史资料汇编》，中华书局，1984年版第180～193页。

织品）20 匹等。成寻与北宋皇帝笔谈，才有神宗托带亲笔信给日本天皇之事，这也是中日文化交流史上史无前例之美谈。成寻在宋 9 年后圆寂于洛阳开宝寺，成寻有《参天台五台山记》纪行体日记传世。宋神宗年间，多次主动与日朝廷联系，甚至破天荒地写亲笔信函，而日本朝廷却被动拖延，虽亦能经过长达两三年讨论后，给了复函和回赠大量礼物，但始终未派正式使团来宋，故中日两国关系未能突破性地发展为建立正式邦交。

南宋时期，新兴的日本镰仓幕府武士政权与南宋通好，商船往来十分频繁，入宋日僧很多，仅知名日僧即达 120 多人，还有多次往来的日僧，赴日的宋僧亦超过 10 人，均发挥了巨大作用。日僧入宋习禅形成热潮，中国禅僧亦抱"游行化导"之志赴日。日僧中最著名的有荣西、道元等人。

荣西画像

1168 年 4 月，荣西乘商船来宋，参拜天台山、阿育王山后，又携带天台宗新章疏 30 部 60 多卷返日。从此长期潜心研究密宗，开创"叶上派"密法。后又决心探究禅宗奥秘。再次于 1187 年入宋，跟随临济宗黄龙派八世法孙虚庵怀敞学习禅法数年，继承了临济宗的传法，受菩萨戒，接受了袈裟以为法信，又得受临济宗 53 代传承图。1191 年回到日本，先在九州各地建寺传布禅宗，后在镰仓、京都弘传禅宗。1206 年被任为奈良东大寺之"大劝进"，后又被朝廷任命为权僧正。荣西入宋时，宋孝宗赐号千光法师，回日后接受幕府首任将军源赖朝之妻北条政子和其子二代将军源赖家皈依，并建镰仓寿福寺、京都建仁寺，将中国建筑风格带到了日本。他是日本禅宗临济宗创始人。他著有《兴禅护国论》《出家大纲》《日本佛法中兴愿文》《斋戒劝进文》《吃茶养生记》等。特别是他将由宋带回日本的茶籽培育成茶树，并不断扩展茶园。他的《吃茶养生记》是用日文和汉文写作的，是日本最早的关于茶叶、饮茶的专著，荣西亦被称为"日本茶祖"。这对传布中国茶文化，在日本兴起饮茶之风有很大的推动作用。

道元曾于 1214 年投建仁寺荣西门下学禅法，第二年荣西逝世，道元遂成为荣西门下明全的弟子，学修禅法 9 年。1223 年随明全入宋求法。1225 年明全逝世，道元随明州（宁波）天童寺住持如净学曹洞宗 2 年后回国时，如净赠他曹洞宗前代祖师芙蓉道楷传下的法衣，又赠如净自题赞辞的肖像及洞上良价所著的《宝镜三昧》《五位显诀》各 1 卷。归国后在建仁寺及安养院讲坐禅方法、意义和参禅、坐禅，传授禅法，逐渐成为名僧。他是日本曹洞宗创始人。受到了后嵯峨上皇的信敬，上皇曾派人赐道元紫衣。他的著作有《普劝坐禅仪》《护国正法义》《辨道话》《学道用心集》

（1卷）、《永平清规》（2卷）、《正法眼藏》（95卷）、《宝庆记》（1卷）、《伞松道咏集》（和歌，1卷）等。日本曹洞宗是日本禅宗三大派之一，在日本传布颇广。

总之，两宋时期的中日文化交流，确实与隋唐时代不同。但"双方的僧侣、商人互相往来，形成继唐之后的另一个文化交流的高潮"，[①] 确实是颇有见地、令人信服的正确结论。

宋代中日文化交流，仍以中国文明因处于强势地位，在各领域均全面高于日本，故处于弱势地位的日本全方位向中国学习为主流。在社会经济方面，特别是南宋时期，大量中国铜钱通过贸易流向日本，使宋代铜钱成为日本市场上最坚挺的硬通货，并在日本广泛流通。尤其引人注目的是中日禅僧的交往和宋学传入日本及其巨大而深远的影响。南宋宁宗时，于禅寺中定五山即五大名寺（径山、灵隐、天童、净兹、育王），又于五山之外的禅林中再定十刹（中竺、道场、蒋山、万寿、雪窦、江心、雪峰、双林、虎丘、国清）。这时，禅宗已在中国佛教中勃然兴起，日本僧人纷纷入宋学禅。"在13世纪中期，中日两国禅僧的交往，达到了历史的高潮，出现了继唐代日本向中国派遣留学生、学问僧之后，两国文化交流的又一个新局面。"[②] 在13世纪中日禅僧的交往中，于宋学传入日本有关而最可注意者，应推俊芿、园尔辨园、兰溪

---

① 夏应元：《相互影响两千年的中日文化交流》，载周一良主编：《中外文化交流史》，河南人民出版社，1987年版第327页。
② 严绍璗：《中日禅僧的交往与日本宋学的渊源》，原载《中国哲学》第3辑，1980年8月。转引自北京市中日文化交流史研究会编：《中日文化交流史论文集》，人民出版社，1982年版第147～148页。

朱熹画像

道隆、兀庵普宁、大休正念、子元祖元、一山一宁等人。日本首次刊刻朱熹的《论语集注》是在 13 世纪中期。总之，"从 13 世纪中期至 15 世纪末，经过许多学者的努力，日本从中国吸收了宋学，并使之日本化，成为日本的占统治地位的思想，汉文化因此而在日本成为独立的学术，这从学术思想史来说，无论在当时或现在，都是值得我们注意并研究的一件大事"。①

宋代中日文化交流，虽仍以日本向中国学习为主，但在某些局部，如某些生活用品、工艺品生产水平超过中国并因此受到了中国重视。日本不仅产品大量输入中国，而且其工艺水平之高亦令中国刮目相看，中国开始向日本的特长学习。

首先是日本保存了中国已缺佚的大量中国文化典籍，这些典籍从宋代开始向中国回流。日人宋名僧奝然、寂照就带来多种中国逸书。搜寻购买及交换中国缺佚书

---

① 严绍璗：《中日禅僧的交往与日本宋学的渊源》，原载《中国哲学》第 3 辑，1980 年 8 月。转引自北京市中日文化交流史研究会编：《中日文化交流史论文集》，人民出版社，1982 年版第 165 页。

籍几乎成为两国往来商人的一项重要使命。

其次是日本原有的生活用品及工艺品传入中国。如日本的"聚头扇"（中国后来的折扇），就在北宋时传入中国，其后，又通过贸易大量进口，并仿制之。又如软屏风，亦于北宋时传入中国，进而大量进口并颇为流行。

最后是日本将由中国传入的一些制品改进提高，制出更精美的产品返销中国。最著名的是日本刀。北宋"四大家"之一的欧阳修写下了著名的《日本刀歌》。其中有"昆夷道远不复通，世传切玉谁能穷。宝刀近出日本国，越贾得之沧海东。鱼皮装巾香木鞘，黄白间杂鍮与铜。百金传入好事手，佩服可以禳妖凶"等名句。另外在漆器方面的泥金画漆工艺和螺钿制品等水平已高于中国，使中国也要派画工赴日学习，或仿制其产品。

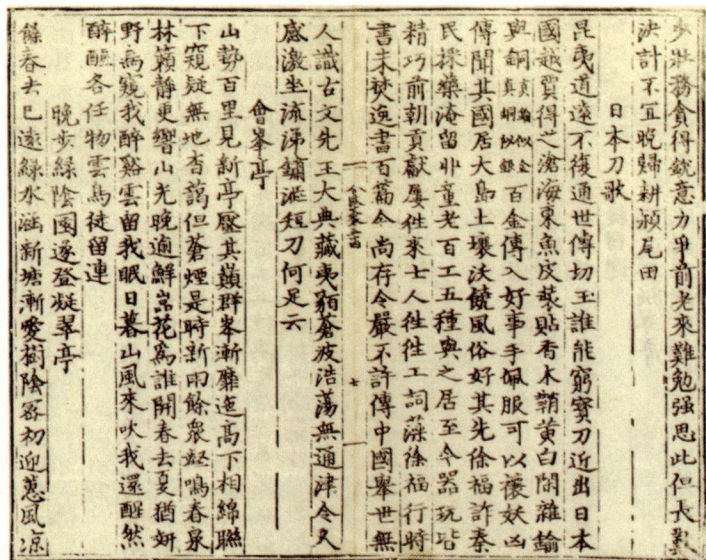

明嘉靖刻本《欧阳文忠公文集》中的《日本刀歌》

纵观两宋，特别是南宋时期的中日交流，即中日文化交流的第三次高潮，凸显出以下四个新的特点：

一是两国商船频繁往来，掀起了以民间经营贸易为主要形式的中日经济交流史上的新高潮。而中日两国官方均通过商人、僧人进行多种形式的交往，联系是十分密切的。北宋时期，往来的商船，全部是中国的；南宋时期，不仅中国商船频频东渡日本，而且日本商船不畏"鲸渡之险，舳舻相衔"往还于两国，呈现空前的商贸盛况。

二是搭乘两国商船往来的入宋日本僧人和赴日的宋僧空前之多，仅确实知名的即达150多人，且有不少人往还两三次者。两国僧侣的往来、交流以及所带去日本的经卷、典籍的盛况，亦是中日佛教交流史上的一大高潮。

三是宋代及以后中国文化对日本的影响主要是思想意识、伦理纲常等，日本学习中国文化也已不再是盲目照搬、全盘吸收，而是选择、消化后再汲取，并使其日本化。宋学的传入日本及宋学的日本化就是典型的代表。

四是日本文化对中国的逆输出和中国对日本的某些实用成果十分注意并加以由衷的称赞。如折扇、日本宝刀及工艺品等，欧阳修的《日本刀歌》就写出了"百工五种与之居，至今器玩皆精巧""令人感激坐流涕，锈涩短刀何足云"等脍炙人口的名句。

第三章

近代的中日文化交流——

第四次高潮的兴起和消退

第三次高潮的余波和第四次高潮的前奏
——元明与清前期的中日文化交流

中国元代和明代 360 多年间，中日文化交流受到元军两次侵日战争、日本丰臣秀吉两次侵朝战争（中朝联军抗击和打败了丰臣秀吉侵略军）和日本倭寇侵扰为害中国沿海长达 300 年的严重破坏和干扰。但中日两国民间的经济往来与文化交流仍相当频繁。

中国清代初期和中期，两国因日本实行锁国政策，中国实行海禁和闭关政策，两国间只能在日本长崎进行商船交易，但这仅有的商贸往来，在日本当时人口量上却占很大比例，而且随赴日商船往返有文化方面的交流。主要是通过商人及书籍等方面的交流而进行的。

元代因两次侵日，断绝了国家关系，但中日民间贸易和人员往来却意外地频繁，几乎年年不绝。确切知道的有 43 次，而实际的数字肯定更多。且人元日僧名传至今的，实达 220 多人，无名

丰臣秀吉画像

日僧更不知多少人了，^① 成为历朝绝无仅有的奇观。因此，可视为第三次中日交流高潮即两宋民间交流高潮的余波。但其不同点也十分显著：两宋时期皆为中国船往来，而元代往来的却几乎全是日本商船。

元代中日文化交流的一个重要表现形式则是 1342 年日本仿南宋的五山十刹制，指定了京都、镰仓名寺的五山十刹名分。随之日本世俗的文化归于佛门僧侣阶段的五山时代（长达 400 年）

---

① ［日］木宫泰彦：《日中文化交流史》，商务印书馆，1980 年版第 389～394 页，列有元日商船往来一览表及其评述，可参阅。

开始，而在五山时代，日僧成为中国文献典籍东传最主要的传递者，中日佛学宗教交流成为中国文献与文化传向日本的主要渠道。特别是五山汉文学的兴盛、五山版汉籍的出现和儒学的兴起，既是中日文化交流的体现和重要成果，又是对中日文化交流的重要贡献。

明初中日复交之后，只有得到"勘合符"这种政府发放的特许证的船只才能进行贸易。在第一期（1404—1419）15 年中，日本分 6 次来华，共 36 条船；第二期（1432—1547）115 年间，日本分 11 次，派出贸易船 50 艘。[①] 这些日本的遣明商船来华进行中日贸易和经济交流，商品种类很多，既有土特产、药品，也有手工艺品和生活日用品。

在明代，中日文化交流有了新的发展。主要在自元代开始的日本五山汉文学和五山版汉籍方面持续发展并日益隆盛。五山文学的诗派，或在日本国内通读中国文献典籍，研习汉诗汉文，在理念上与中国文化相通，称本土派；或求法于中国，云游中国名山大川，遍访名寺大刹，结识名士高僧，在感性上体验中国文化，称游学派。许多代表人物均有大量诗文或诗歌集留存于世。如五山文学游学派代表人物绝海中津，号蕉坚道人。在明初 1368 年来华求学问法 8 年，1376 年归国前，受到明太祖朱元璋接见，并赋诗应答，互有唱和。特别是朱元璋关于徐福东渡传闻之寻问诗曰："熊野峰高血食祠，松根琥珀也应肥；当年徐福求仙药，直到如

---

① ［日］木宫泰彦：《日中文化交流史》，商务印书馆，1980 年版第 528～529、536～541 页，列有明代与日本使节往来、日本遣明贸易船一览表，可参阅。

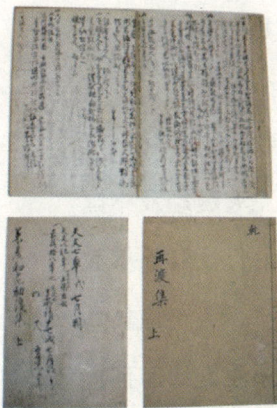

策彦周良亲笔本《初渡集》《再渡集》书影，现藏于京都天龙寺妙智院

今更不归。"绝海中津和曰："熊野峰前徐福祠，满山药草雨余肥；只今海上波涛稳，万里好风须早归。"①传为中日文学关系史上的千古佳话。他的汉诗文集《蕉坚稿》当时已备受赞扬，且由中国名僧道衍作序作跋，流传保存至今。又如五山文学晚期著名代表人物策彦周良，号谦斋。两次作为日本使者来华，他用汉文所写的《初渡集》和《再渡集》日记是极为珍贵的文献资料。他与中国文人唱和的著名汉诗不少，其中《奉呈金仲山》曰："莫道江南隔海东，相亲千里亦同风。从游若许忘形友，语纵不同心可通。"②成为中日人民友好感情心心相通的千古绝唱。

现在日本京都嵯峨的天龙寺妙智院所藏的《谦斋老师归日域图》，画的就是中国友人送别策彦周良的情景，此图也已定为日本国宝。

五山文学从 1191 年开始至 1620 年计 429 年，据不完全统计，其间活跃的有代表性的五山诗僧就有 669 人。其主要著作：诗文集有 242 种，诗文选集 10 种，语录、法语等 146 种，

---

① 孙东临、李中华：《中日交往汉诗选注》，春风文艺出版社，1988 年版第 177～179 页。
② 孙东临、李中华：《中日交往汉诗选注》，春风文艺出版社，1988 年版第 231～232 页。

日记类作品 47 种，五山版及复刻的中国典籍达 99 册，共 96 类。[①]

五山版汉籍，亦是元明时代中日文化交流的一大成果，影响亦巨大而深远。元代日本僧侣来华后，还注意吸收中国文化，搜寻中国典籍，回日本时，往往带回大量中国典籍，大藏经及中国名僧传记、语录。回日后，则在日翻刻印行。五山版汉籍除佛教经典外，复刻汉籍经史子集四部之书共达 66 种之多。为适应日本雕版印刷的需要，在 14 世纪有 50 多位中国工匠东渡赴日。他们在日雕成的版本范围极广，包括佛经、中国典籍文献、医书、文学作品等，数量更是洋洋大观。从 16 世纪末开始，日本逐渐开始使用木活字、铜活字印刷。这些对中日印刷技术和书籍的传播，对日本社会生活方式的变化和文化发展，均有影响。

另外，中日在医药学、美术、戏剧等方面亦有各种交流。最突出的是日本山水画集大成的"画圣"雪舟等扬，他 1467 年来华访问，虚心向中国水墨画家李在学画，又游历中国名山大川。两年后回到日本，在中国水墨山水画的艺术表现技法的基础上，将日本水墨山水画发展到新的高度。他的名作全长 15.9 米的山水长卷，就是其总结游历中国名山大川，受大自然景色熏陶"师法自然"的代表作。

在明末清初，中国一些文人为反清流亡到了日本，他们对传播宋学作用很大。最突出的是明末遗臣朱舜水。他于 1659 年从长

---

① 俞慰慈：《五山文学研究》，汲占书院 2003 年版，第二篇第一章、第二章对作者群及作品群的考察极为详尽、具体，可资参考。本书所引数字，引自该著作之第 181、195、212、231、237 页。

李在的《山庄高逸图》

朱舜水像，1872 年，草川重远绘

崎登岸起，侨居日本 20 多年，终老于日本。在日期间为水户藩主德川光国之宾师，在江户讲学。他提倡经世致用的实学，对江户时代思想界和水户学派影响颇大。他重视史学，在其影响和指导下，兴起以编写《大日本史》为中心，逐渐形成以尊王贱霸、大义名分为特色的水户学派。当时就很有影响，对后来维新志士倒幕尊王思想更有巨大影响。木宫泰彦言："给日本精神文化以最大影响的是明朝遗臣朱舜水……被德川光国请去作为宾师，大兴水户学派，开创修史之风，并建筑圣堂以垂范。木下顺庵、林凤冈、山鹿素行等，凡当代的学者无不直接间接受到他的感化，给日本儒学界以极大的影响。"① 应是中肯之论。

到清代中期后，由于中国自明代耶稣会传教士来华，传入了西方教会的书籍及自然科技、人文社会科学书籍，至清代已在中国流传开来。而江户幕府锁国禁教，规定教会之书，连同《测量法义》《勾股义》等科技书亦列为"禁书"。而到江户幕府末年，日本把许多由中国商人到长崎贸易时带去的汉译"西学"书大量翻印传播。这些汉文西学书除科技、地理、医学书外，亦有法律及启蒙读物，如《万国公法》《智环启蒙》等。中国成了向日本输出西学的一个加工转运口岸，日本看西方，往往要借助中国这个窗口。这一时期，仍主要是日本向中国学习，只是内容已有所改变，或以中国在鸦片战争中失败的教训为前车之鉴，或通过中国的译书学习西方文化。

---

① ［日］木宫泰彦：《日中文化交流史》，商务印书馆，1980 年版第 703～704 页。

江户幕府建立者：德川家康画像

　　还有最早睁眼看世界的一批中国有识之士，利用所获西洋知识，编写出不少介绍和研究外国地理、历史及现状的著述。最早的是林则徐的译作《四洲志》，其次是魏源编撰的《海国图志》以及徐继畬编著的《瀛环志略》、陈逢衡的《英吉利纪略》、汪文泰的《红毛蕃英吉利考略》等。

明治二年（1869）日本池上学室翻刻的《海国图志》封面和扉页。
日本早稻田大学藏

日本江都浅草茅町出版的《海国图志》前附嘉永七年（1854）盐谷世弘所作《翻刊海国图志序》

这些书传入日本后，成为日本人了解世界的启蒙读物。尤其是《海国图志》传入日本后，不仅供不应求，广泛流传，不断被刊印，而且影响极其巨大而深远。最著名的事例是，魏源的书被日本著名学者佐久间象山读到后，他说：自己虽与魏源未见过面，但有着共同的关心领域，实为"海外同志"。魏源的"师夷之长技以制夷"的思想，对日本朝野也有很大刺激。而佐久间象山也提出了著名的"东洋道德、西洋艺术（技术）"口号，对日本影响很深远。培养了大批明治时代政治家的吉田松阴，即为象山的弟子。

中日文化交流形态变化从逐渐积累到发生逆转，是从 1868 年日本实行明治维新以后。这是由于明治维新的成功和迅速走上现代化道路，引起了中国朝野的极大关注。也正是由此开始了以日本对中国影响为主，中国开始向日本学习为主导的文化交流阶段。其主要表现是中国学生留日热潮的兴起。1871 年中日两国签订《中日修好条规》《通商章程》以后，1877 年，何如璋大使一行于 11 月 30 日抵达长崎，12 月初到神户，在京都、大阪、兵库参观，所到之处，受到日本人夹道欢迎。认为中国已几百年未派使节访日，这是数百年来之盛举。何如璋一行 12 月 16 日到横滨，再到东京，行外交礼仪之后，日本政府官吏、华族成员及学者儒士，纷纷到使署拜会。虽然语言不通，但文字还可通，就用笔谈方式沟通。这些笔谈记录，不少留传至今，成为中日文化深层次交流的体现和象征。① 也成为第四次中日文化交流高潮的前奏。

也正是在这一时期前后，随着自身的羽翼丰满，日本开始走上军国主义道路，中日关系发生了巨变。从友好关系进入了日本侵华时期。1894—1895 年日本发动了侵华侵朝的甲午战争，击败中国，迫使清政府签订丧权辱国的《马关条约》。

也正是这种逆转，使中国人惊醒了，广大爱国知识人士视《马关条约》为奇耻大辱，痛心疾首，痛定思痛，认为日本崛起和取胜是因为明治维新的成功，是日本学习西方的结果。故决心向日本学习，通过日本向西方学习。这种思考，很快变成了行动，推动中国学子掀起赴日留学的热潮。

第四次高潮的勃兴和消退

第四次中日文化交流高潮开始于中日甲午战争之后的 1896 年，形成于 1905—1906 年，终结于 1937 年前后。这次高潮以中国赴日留学热潮为中心。这一热潮延续时间之长，人数之多，所学学科科目之广，年龄差别悬殊之大，均为世界近代历史上少见。中国留学生大批赴日时期，正是近代中国"以日为师"，通过日本积极吸收西方资产阶级民主革命思想和文教、科技的时期。

一般通说以 1896 年清驻日公使裕庚出于使馆业务需要，派员回国招募 13 位中国青年到日本，直接送入日本学校就读，为中国

① ［日］伊原泽周：《从"笔淡外交"到"以史为鉴"——中日近代关系史探研》，中华书局，2003 年版第 1 ~ 145 页，详细记叙了重要"笔话"，并给予评论剖析，可资参考。

金雅妹像，存于美国洛克菲勒档案中心

人留学日本的发端，故 1996 年中日均有纪念中国人留日百周年的一些学术活动。当然，从目前掌握的资料看，第一位留日女学生是浙江省鄞县（今宁波市）人金雅妹，她约在 1870 年 6 岁时就被带至日本求学，初期教育亦在日本接受，1881 年赴美学医，学成后归国，为我国医学事业做出重大贡献。[1] 桑兵认为，1897 年赴日的广东顺德人罗普才是名副其实的真正留学生，罗普才于翌年初入早稻田专门学校法科。他认为罗普才是"中国留学日本的第一人""留日学生发端定于 1898 年更为恰当"。[2] 但裕庚改变历来在驻日使馆内附设的东文学堂聘员教授人员的传统做法，事先是经过总理衙门奏请皇帝批准的，认为这是中国派遣的第一批留日学生，还是站得住脚的。[3]

此后，中国每年都选派留学生赴日。人数以十多人至数十人，直达数百人、数千人。而且自费留学日本亦形成热潮。留日学生逐年迅速增加：1899 年 200 名，1903 年有 1000 名，

[1] 周一川：《清末留日学生中的女性》，载《历史研究》，1989 年第 6 期。
[2] 桑兵：《留日学生发端与甲午战后的中日关系》，载《华中师范大学学报》，1986 年第 4 期。
[3] 戴学稷：《清末留日热潮与辛亥革命》，载《暨南大学学报》，1981 年第 4 期。

1905 年达 8600 名，1906 年亦为 8000 名左右。关于留日学生数量，因情况复杂及受资料限制或统计方法不同，故研究者常有歧义，现仅按一般说法列出。[1] 汪向荣对留学热潮做了生动具体的描述，他写道：1896 年中国向日本派出第一批留学生 13 人。"从此以后，中国学生赴日留学者络绎不绝，而且逐年有所增加。特别是到 20 世纪开始的时候，八国联军入侵，首都沦陷以后，举国上下都以为只有按照日本模式进行改革，才能振兴中华；把学习日本，视为事半功倍的唯一捷径。大量中国人，不论是青年学子，还是已经有了功名的都涌向日本；不仅有公费派遣的留学生，还有自备资斧的留学生或游历的。有兄弟姐妹，也有夫妇父子全家东渡的；有十三四岁的童稚，也有七八十岁的老翁。上日本去，上日本去，在当时成了一股热潮。"[2] 在这一热潮持续 10 年后的 1905 年，由于留日学生兴起反对日本政府"留学生取缔规则"的运动。集体离日归国，从此留日学生数减少，但到 1909 年亦有 5000 多人。1911 年中国辛亥革命爆发，大批留日学生归国投身革命。此后 1915 年日本提出灭亡中国的"二十一条"要求和所进行的中日交流涉及第一次世界大战时日本强占山东，战后巴黎和会竟将山东权益交付日本而引发五四运动，又有大批留学生归国，留日学生人数降至 3000 人。伴随日本侵华的进展，1928 年的济南事件和皇姑屯事件、1931 年制造"九一八"事变，占领东北，并继续进

---

① ［日］实藤惠秀：《中国人留学日本史》，三联书店，1983 年版第 1 页、第 451～452 页，列有 5 个统计表，可资参考。
② 汪向荣：《日本教习》，中国青年出版社，2000 年版第 59 页。

占华北，到 1937 年 7 月 7 日挑起"卢沟桥事变"，日本全面侵华战争开始，中国全面抗战开始，留日学生几乎全部回国。约略估计，近代"中国留日学生总数要超过八万人"。①

中国留日学生分布在日本各地 130 多个重要学校里学习。他们学习的范围极其广泛，涉及语言、文学、政治、法律、医药、财政、农林、商业、教育、军事等各个领域。在日本，只要是西方的新道理，什么书都看。为了把新道理介绍到祖国，他们还进行了大量的翻译工作。他们翻译书籍的范围十分广泛，包括哲学、文学、语言学、政治、法律、教育、经济、历史、地理以及自然科学等方面的著作。1896—1939 年的 43 年间，由日文翻译和转译成中文的书籍超过 2600 种。

有必要提及的是，在留学热潮中还有不少女留学生。她们从清朝末年开始冲破封建藩篱赴日留学，不仅为女权运动，也为中国革命做出了特殊贡献。据周一川不完全统计，1901—1911 年间赴日，仅在 10 所学校留学的即有近 400 人。②

日本方面的对华友好人士及热心事业的教育家们亦纷纷创办面向中国留日学生的各种学校，如设立速成科、普通科、预备科、本科等以接纳不同类别的留日学生。其中最著名者为东京高等师范学校校长嘉纳治五郎及宏（弘）文学院教师松本龟次郎。在宏文学院留过学的有黄兴、鲁迅、陈独秀、秋瑾、周恩来等名人。

---

① 汪向荣先生为《桥》所写序言，载武田胜彦：《桥》，三联书店，1992 年版第 1 页。
② 周一川：《中国女性留学日本史研究》，日本国书刊行会，2000 年第 85 页表 4。

特别是松本龟次郎先生，直接教育过的留学生达 2 万人之多，称其为"为中国人留学生教育贡献终生的人"[①]当之无愧！

在大批留日学生赴日的同时，中国政府还从日本大量聘请教师，当时称为"教习"，来华任教。应该注意到从 19 世纪 90 年代已有大批日本移居到中国的日侨，从 1890 年的 863 名到 1916 年的 104275 人，25 年间猛增 120 多倍。这些日侨，大多经商，也有从事文教事业者，更有以中国学生为对象创办学校的。在十多所这类学校中，就有许多日本老师。[②]当然，这与中国政府聘用的教习还是不同的。中国聘请的日本教习在每所新式学堂里几乎都有。最多时的 1905—1906 年，全国约有五六百人。日本教习遍布全国，连云南、贵州等边疆僻壤都有日本教习。日本教习中著名的有服部宇之吉、冈田朝太郎、杉荣三郎、矢野仁一、藤田丰八、吉野作造等人。松本龟次郎和井上翠等也曾在京师法政学堂任教。当然教习中亦有些不学无术之徒，并且在中日关系变化时，他们在总体上是直接间接为日本文化侵华服务的。不过，对日本教习应具体分析，他们与政府还是有区别的。在客观上他们来华任教对中国教育近代化起了一定的促进作用，其中不乏正直的教师，他们在中国传播了资产阶级民主主义的文化科学知识；在回日本后，仍继续研究中国语言、哲学思想、历史、地理及日本的汉文学，为两国文化交流做出了贡献，还为中日友好事业尽了力量。由于

---

① 1985 年日本在静冈县大东町松本故居处设建松本纪念公园。园中立碑，镌有松本铜质胸像，刻有日本著名作家井上靖题词。
② 汪向荣：《日本教习》，中国青年出版社，2000 年版第 68 ～ 69 页。

中日两国情况的变化和国际上美国对中国文化教育阵地的争夺，盛极一时的日本教习来华热潮急速消退，在 1911 年辛亥革命后，绝大多数教习也都回国了。

在这次留学热潮中，亦有不少摩擦和斗争。日本侵华政策和一些日本人对中国的轻蔑态度，使留日学生在留学期间即开展了斗争，而且多数留学生在回国后走上了抗日斗争的前列。尽管也有留日学生充当了汉奸，但毕竟只是少数。

留日学生在当时即开展了多次反对日本帝国主义的爱国斗争；他们不遗余力地为祖国引进先进科学、介绍新思想、新文化，成为中国新文化运动的先驱和先锋；他们还为中国教育近代化提供了骨干师资，对中国社会的进步起到了一定的促进作用。特别是他们在日本接触到资产阶级民主革命的思想，受到严酷的现实教育，许多人由爱国迅速走向革命。在孙中山领导下，他们进行了大量的革命宣传和组织活动，在国内人民和海外华侨中产生了重大影响。大批留日学生投身革命斗争，在辛亥革命中立下丰功伟绩，[①] 在后来的抗战和建立中华人民共和国的革命中亦做出了不可磨灭的伟大贡献。

在以中国留日热潮为中心的第四次中日文化交流高潮中，不仅有聘请日本教习和日本教习大量来华授业的热潮，还有以考察、游历等名义东渡日本的热潮。东游热开始于 1903 年，于 1905—1907 年达到高潮。据熊达云研究，在 1884—1911 年辛亥革命前，

---

① 戴学稷：《清末留日热潮与辛亥革命》，载《暨南大学学报》，1981 年第 4 期第 10～16 页。

中国官民到日本考察的人数为 1145 人。他们所写的游记、日记分门别类，共达 183 种。[①]孙雪梅则以当时先行的直隶省为典型，分析评价了官民东游与所留下的 30 部东游日记。[②]

东游考察的内容极为广泛，宪政、司法、经济、工业、农业、文化教育、警察、军事，直至监狱、卫生、社会习俗等，无不在其视野内。其游记也留下了中日交流的记录，对清末新政和中国的现代化启动、发展也有一定的推动作用和影响。

在中日文化交流第四次高潮中，还有两个对中国文化发展作用巨大、影响深远的重要方面：一是对中国近代教育、思想的影响。中国几乎将日本中学教材全部翻译介绍到国内，留日学生归国后不少人从事教育工作，作用很大。更有专门对日本教育进行考察，其中尤以 1902 年吴汝纶为中心的对日本教育考察最具代表性，作用、影响亦最为巨大。[③]二是对中国语言文化的作用影响。伴随大量的各类日文书籍被译介到中国，许多日语词汇亦被引入汉语之中。按一般统计，"中国人承认来自日语的现代汉语词汇"达 844 个。[④]引进或借用日语词汇，开始是外来语，后来逐渐成为汉语词

---

① 熊达云：《近代中国官民的日本视察》，日本成文堂，1998 年第 98 页。另有第 100 页的详细统计表，及附录二的清末民初中国官民日本视察者名单（见附录第 21～74 页）。对游记、日记亦分 6 类做了统计，并在附录一列出清单（附录第 14～20 页），可资参考。
② 孙雪梅：《清末民初中国人的日本观——以直隶省为中心》，天津人民出版社，2001 年版第 51 页。
③ 参见王晓秋：《近代中日文化交流史》，中华书局，1992 年版第 388～397 页。
④ ［日］实藤惠秀：《中国人留学日本史》，三联书店，1783 年版第 326～335 页，列有 844 个词汇的一览表，可参考；第 327 页有译者谭汝谦、林启彦所加之注，对一览表做了必要的补充和说明。

汇中必不可少的重要词语，如文化、文明、民族、社会、科学、经济、知识、思想、高潮、时代、真理、教育、国际、干部、革命、阶段、共产主义等，我国刘正埮、高名凯、麦永乾、史有为编撰了《汉语外来语词典》，1984 年 12 月由上海辞书出版社出版发行。其中也对源自日语的汉语词汇都做了说明，做了一件功德之事。

近代中日文化交流，十分丰富多彩。除翻译书籍介绍到彼国外，还有民间中日文化墨客的互访、交流和诗词唱和的佳语；有在日本录访中国古籍逸书的艰辛及丰硕结果；有日本民间友好人士对日本侵华的批判谴责和对中国的深切同情，以及对中国革命的正义声援和真诚援助；有中国革命政治家、文学家、教育家在日本的交流活动及其巨大影响等。正是由这些方方面面的交流才组成了第四次高潮的多彩画卷。

综观近代中日文化交流，可概括出其具有以下四个新特点：

一是中日两国官方及民间交流并举，交流是全方位的：交流范围广泛，交流规模空前；形式多种多样，内容丰富多彩；作用巨大、明显，影响深刻、久远。

二是中日文化地位的逆转。日本在明治维新前后一段时间内，还通过汉译西洋书籍吸收西方文化，并总结中国鸦片战争失败的经验教训，说明中国当时文化水平还高于日本。但明治维新的成功，日本逐渐走在中国前面令世人刮目相看。到甲午战争战胜封建清帝国时，已发生完全的逆转。从此，昔日的教师中国决心拜学生日本为师。中国看到日本学西方大有成效，便转而大力向日本学习。中国不断大量地学习、接受日本先进文化，凸显出极为明显的单向性交流的特点。派出大批考察、游历团，选派一批批留日学生，聘请大批日本教习，翻译日籍引入日语词汇，掀起一阵阵热潮，终于汇成一台气势磅礴、色彩斑斓、丰富厚重的中日文化交响乐。

三是中日文化交流的一大内容是互以中日为桥梁、当媒介，向西方学习西洋先进文化。初期是日本通过汉译西洋书籍学习西方先进文化。两国文化发生地位及流向逆转后，则是中国通过日本大量吸收、学习西方文化。近代西方的人文社会科学，各种政治、法律、经济及文化学说、名著，西方的社会新思潮，直到马克思主义学说及其政治经济理论著作，有许多都是通过日译本传播到中国的，对中国开发民智、思想启蒙直至进行革命运动，都有不可磨灭的历史性贡献。

四是近代日本对中国的侵略，对近代中日文化交流产生了巨大的影响。首先是破坏了稳定发展的中日关系，严重阻碍了中日文化交流。如大批留学生、考察团的派遣及日本教习的聘用热潮快速地降温、消退，都是由于日本侵华活动激起中国人民愤慨而造成的。换言之，正是日本侵华才导致中日文化交流高潮急速跌落。当然，日本侵华，也刺激了中国加强对日的研究。[①] 其次，也不应忽视，正是在近代日本侵华过程中，锤炼了中日人民的难得而珍贵的友谊。有师生之情，如松本龟次郎与周恩来、藤野严九

---

① 参见林昶：《中国的日本研究杂志史》，世界知识出版社，2001 年版第 2 编第一章、第二章；李玉：《中国的日本研究：回顺与展望》，载《中国的日本史研究》，世界知识出版社，2000 年版。

郎与鲁迅；有革命之情，如李大钊与吉野作造，孙中山与梅屋庄吉、南方熊楠等人；宫崎滔天与孙中山、黄兴、宋教仁等人。中日民间的交流、友谊是战争阻隔不了的。还有中国革命人士在日本的活动、宣传，中国留学生在日本办报、集会结社等活动，既是近代中日文化交流的内容之一，也是夯实中日友好和新的文化交流基础的实际行动。

第四章　当代中日文化交流——第五次高潮方兴未艾

高潮的序幕

从 1972 年 9 月中日邦交正常化至今，是中日文化交流的第五次高潮时期，也是有史以来中日两国关系发展得最稳定、最平等、最健康的历史时期。

中国人民抗日战争暨世界反法西斯战争的胜利，粉碎了日本灭亡中国，侵占亚洲、称霸世界，构筑"大东亚共荣圈"的梦想。"大日本帝国"终于在 1945 年 8 月崩溃败亡，日本宣布无条件投降，第二次世界大战宣告结束。从 1945 年，特别是 1949 年中华人民共和国成立后至 1972 年，日本政府追随美国，长期采取敌视中国的政策，使两国无法建立正常的关系，中日政府处于隔绝、无任何直接交往状态。

中国政府首先采取了主动，决定通过"民间外交"使两国民间在各个领域特别是在民间贸易方面进行友好交往。1952 年 2 月由中国国际贸促会主席南汉宸向日本经济界著名人士发出邀请，虽因日本政府阻挠未能成行，但日本参议员高良富、原参议员帆足计、众议员宫腰喜助冲破日本政府的种种阻挠，在参加莫斯科国际经济会议后，绕道迂回来到中国，1952年5月15日到达北京，这是中华人民共和国接待的第一批访华日本政界人士。标志着中日交流被封冻的坚冰被打破。帆足计等3位日本国会议员作为民间使者，于6月1日与中国国际贸易促进会签订了第一次中日贸易协议，①为中日经贸关系的发展开辟了道路。后来于1953年10月29日，1955年5月4日，双方又签订了中日第二次、第三次贸易协议。1955年4月15日签订了中日《关于黄海、东海渔业的协定》。接着，中国政府为推动中日民间友好交往，又安排在华日侨及滞留中国的日本人顺利归国。日本红十字会等三团体代表于1953年1月26日访华，与中国红十字会顾问廖承志为团长的代表团会谈，3月5日发表会谈公报，宣布日侨回国问题圆满解决。以后，日本红十字会等三个团体决定邀请中国红十字会代表团访日。由于日本政府阻挠，拖至1954年10月30日，才使由李德全、廖承志率领的中国红十字会代表团得以访日两周。这是中华人民共和国第一个访日代表团。

接着，日本前首相片山哲于1955年11月率团访华并与中国人民对外文化协会签订了第一个《关于中日两国文化交流的协定》。②中日民间文化往来迅猛发展：日本访华人数日益增多，交流范围亦更加广泛，中日互访频繁且规格很高。中日两国文化交流初显

---

① 田桓主编：《战后中日关系文献集（1945—1970）》，中国社会科学出版社，1996年版第130～132页。

② 田桓主编：《战后中日关系文献集（1945—1970）》，中国社会科学出版社，1996年版第247～248页。

盛况。

虽由于 1958 年 5 月发生"长崎国旗事件"这一破坏中日关系的事件以及岸信介政府采取反华政策，纵容和包庇日本暴徒污辱中国国旗，中日交流曾一度停止，但经两国有关人员共同努力，又使民间文化交流得以恢复。

1960 年 9 月签订的《关于中日两国人民友好关系和文化交流的共同声明》，标志着两国恢复了民间交流。此后，经济、学术、学生、妇女、文化艺术、体育代表团互访往来频繁，出现了中日文化交流的新局面。

1962 年廖承志、高碕达之助备忘录贸易开始，廖高办事处作为半官方的民间贸易机构建立后，两国的经贸关系和人员往来有了很大发展。而两国商贸关系的迅速发展，又为中日政治沟通铺设了道路，也有力地推动了两国的文化交流。两国高层次文化人士互访，文化友好代表团、杂技团、话剧团、摄影家代表团往来于两国各地。综上所述，在 1972 年以前，中日主要是通过民间交流形式，以民间为主导或半官半民的形式进行了较为广泛的人员交往和商贸往来以及丰富多彩的文化交流，从而为即将到来的中日文化交流新高潮揭开了序幕。

新高潮的勃兴

1972 年 9 月，日本田中角荣首相和大平正芳外相访华，与周恩来总理、姬鹏飞外长进行富有成效的会谈后，于 9 月 29 日发表

田中角荣等日本贵宾，由周恩来总理陪同前往上海访问。这是首都群众在北京机场欢送的场面。原载《人民画报》1972 年 11 月号增刊

了《中华人民共和国政府和日本国政府联合声明》，宣告实现了中日邦交正常化。进而在 1978 年 8 月 12 日，签订了《中华人民共和国和日本国和平友好条约》。这两个历史性文献的签订为中日关系的良好、平稳发展奠定了坚实的基础。以此为标志，中日文化交流高潮开始勃兴。这是源远流长的中日文化交流史上的第五次高潮。这一方兴未艾的新高潮，大体可分为 4 个阶段。

第一阶段是以两国政府间的关系，即官方协议、协定为主的阶段。在中日联合声明签字后，两国随之签订了十余份政府间的协定和协议：1974 年 1 月 5 日的《中日贸易协定》、1974 年 4 月 20 日的《中日海运协定》、1975 年 9 月 29 日的《中日渔业协定》、

1977 年 9 月 29 日的《中日商标保护协定》、1978 年 2 月 16 日的《中日长期贸易协议》，等等。在《中日和平友好条约》签订后，又在文化、科技、新闻等领域签订了一系列官方协定：1979 年 12 月 6 日的《中日两国政府为促进文化交流的协定》（以下简称《中日文化交流协定》）、1980 年 5 月 28 日的《中日科学技术合作协定》、1980 年 4 月 23 日《新华社和时事社新闻合作协定》，等等。

在《中日和平友好条约》缔结后的第二年，即 1979 年 12 月 5 日，大平正芳首相应中国政府的邀请，对中国进行了正式访问。这是继田中首相 1972 年访华以后日本首相第二次来华访问。12 月 6 日，在两国总理出席的签字仪式上，日本外相大来佐武郎与中国文化部部长黄镇签署了《中日文化交流协定》。12 月 7 日，大平首相首次在中国发表题为《为实现新世纪的日中关系——谋求深入而广泛的发展》演讲，主张要密切中日间的政治、经济、文化关系。

第二阶段即以中日两国签订文化交流协定为标志。从此，两国交流进入了官民并举的新阶段。两国建立政府间文化交流协商会议制度，通过两国政府主管部门定期进行协商，对中日文化交流发挥了重要作用，使文化交流领域不断扩大。在政府主导下，民间或半官半民的音乐、舞蹈、戏剧、戏曲、电影、美术、书法、图书馆、博物馆、文物、考古、摄影、曲艺、民俗、文学、体育、茶道、花道、农业、园林，以及科学技术、教育、学术、新闻、出版等各个领域均进行了广泛、深入和频繁的交流。

　　此外，从中日邦交正常化以来，中日地方政府之间、人民之间交流不断扩大。遍及日本各都道府县的"友好之翼""友好之船"络绎不绝地来华访问，涉及了科技、艺术、体育、妇女、出版印刷、交通运输、医学各界。地方间的交流与合作。从 1973 年天津与神户结成友好城市之后，20 世纪 70 年代共结成了 14 对友好城市。

　　第三阶段，是从 20 世纪 80 年代开始的两国文化交流全面、深入发展的新时期。中国从 1978 年开始改革开放后，两国在政治、经济、文化等领域的交流与合作获得了全面发展，特别是在经贸、科技、文化及教育等领域的交流迅速扩大，人员交往更加频繁，规模空前。

　　从 20 世纪 80 年代起，两国间确立了一系列会议制度、定期协商制度，如"政府成员会议""副外长定期会议"等。此外还设置了"中日友好 21 世纪委员会"和"中日友好交流会议""民间人士会议"等机构、制度和对话渠道。两国签订《中日和平友好条约》之后，日本分别在上海、广州、沈阳设立了总领事馆，近来又在重庆和大连开设了办事处，中国也分别在大阪、札幌、福冈和长崎设立了总领事馆。1983 年 11 月，双方还确认了发展中日友好关系的四项原则，这是最初由中方提出三项，日方补最后一项，即"和平友好、平等互利、长期稳定、相互信赖"四项原则。1984 年 9 月，日本 3000 名青年应邀访华，在北京、上海、西安等六大城市与中国青年举行大联欢，游览名胜，对口参观和深入进行家庭访问。其规模之大、内容之多、代表之广泛、交流程度之深、均创造了历史新纪录。

　　从 1978 年 10 月邓小平访日出席条约互换批准书仪式起，两
国间政府高层互访已成为惯例：1979 年 12 月，大平首相访华；
1980 年 5 月，华国锋总理访日；1982 年 6 月，赵紫阳总理访日；
同年 9 月，铃木首相访华；1983 年 3 月，中曾根首相访华；同
年 11 月，胡耀邦总书记访日；1988 年 8 月，竹下登首相访华；
1989 年 4 月，李鹏总理访日等。这些互访富有建设性，而且都在
相隔半年左右进行，无论是在中日关系史上，还是在当今的国际
关系中，均是十分引人注目的。它从一个侧面反映了中日之间的
经济、政治、文化交流的日益紧密，形成了 20 世纪 80 年代中日

毛泽东主席接见日本内阁总理大臣田中角荣。原载《人民画报》1972
年 11 月号增刊

关系的新局面。①

1988 年 8 月下旬，在《中日和平友好条约》签订 10 周年之际，竹下登首相对中国进行了访问。在访问期间，竹下登先后同邓小平、李鹏等举行了会谈。并宣布日本政府将在从 1990 年开始的 6 年间，向中国提供 8100 亿日元的新贷款。此外，竹下登对进一步加强中日文化交流还提出了一些具体设想和建议，表示要为促进两国青少年之间和互派留学生、研修生方面的交流而努力。

8 月 29 日，竹下登首相在西安人民大厦礼堂发表了题为《寻求新的飞跃》的讲演。竹下登还提出三项建议，即扩大中日人员交流、更加活跃地进行心与心的交流、两国对保护文物和古迹进行合作。

第四阶段是进入 20 世纪 90 年代，随着冷战后世界形势的巨变，中日关系和中日文化交流迎来了新的历史发展时期。中日两国间的交往空间增大，交往主体呈多样化，形成了官民并举，多渠道、多领域、多形式、多层次的交流新局面，中日各方面的人员往来与文化交流比以前得到更迅速的发展，更加丰富多彩。

1992 年 4 月，在中日邦交正常化 20 周年之际，江泽民访问日本。同年 10 月，日本天皇对中国进行正式访问，这是日本历史上天皇的首次访华，是有史以来中日交往交流中，首次进行的两国最高层互访，也是 20 世纪 90 年代国际关系中引人注目的大事。②

---

① 吴学文、林连德、徐元先:《当代中日关系（1945—1994）》，时事出版社，1995 年版第 229 页。

② 田桓主编:《战后中日关系史（1945—1995）》，中国社会科学出版社，2002 年版第 19 页。

1998 年 11 月，时任国家主席江泽民作为中国国家元首第一次访问日本，双方为发展新时期的中日关系签署了《中日联合宣言》《中日青少年交流合作计划》以及《中日环境合作联合公报》，并以《中日联合新闻公报》的形式发表了中日双方签署的友好合作务实协议（33 个项目）。可见，中日双方又拓展了新的合作领域，不断提高合作水平。1999 年和 2000 年，小渊惠三首相和时任总理朱镕基先后就为了进一步落实中日联合宣言和 33 个合作项目进行了互访与交流。

中日两国非常重视青年之间的交流。1987 年在中华全国青年联合会和日本国际协力事业团的配合下，开始了中日青年友谊计划，即每年邀请部分中国青年赴日本，进行为期一个月的访问活动。1992 年以后，又开始了"新中日青年友谊计划"。访问日本的有青年学术代表团、大学生代表团、中华全国妇女联合会青年代表团等。还有不同领域的青年专家到日本从事各自的专题研究，如学习剧团经营、文化遗产的管理、古代建筑和城市规划等。

国际交流员制度（JET）是日本招聘外国青年事业项目，1992 年开始在中国实施，至 2002 年度已经派遣了 500 多人次。从而为发展中日地方间交流做出了极大的贡献。

2000 年 12 月，为推进两国青年行政官员的交流，中共中央党校派出了第一个赴日进修团。成员共有 50 名学员，年龄大都在 35 ～ 40 岁，均为中央政府、地方政府的现职司局级干部和地方政府的市长等。

2000 年 5 月 20 日，在人民大会堂举行了盛大的 5000 人中日文化观光交流使节团组成仪式，时任国家主席江泽民、副主席胡锦涛、副总理钱其琛应邀参加开幕式。江泽民主席与使节团顾问二阶俊博大臣进行了会谈。

2001 年 6 月 27 日，在人民大会堂举办了"里千家青年之船日中友好访问团"第 100 次访华纪念茶道活动。以里千家访华团为首，北京外国语大学、中国佛学院、南开大学等开办茶道课程的大学布置了茶席并展示了茶艺。中国文化部部长孙家正、日本驻华大使阿南惟茂等 1000 多位两国政府官员和文化界著名人士参加了这次盛大的茶会。

2002 年，为纪念中日邦交正常化 30 周年，两国分别举办规模空前的"中国年"与"日本年"活动。这次纪念活动，内容极为丰富多彩。主要有：4 月的中国全国人大常委会委员长李鹏访问日本和中国友好观光交流团 5000 人访日；9 月的中日友好协会会长宋健率团访日，出席"中日邦交正常化 30 周年庆典"和日本前首相桥本龙太郎率近百名国会议员及一万三千多人来到北京，创中日民间交流的新纪录。

综观 1972 年中日邦交正常化以来的中日文化交流状况，应该说，确实是令人欣欣鼓舞的。中日邦交正常化为两国文化交流开辟了道路，敞开了大门。从而在《中日文化交流协定》签订后，一时便出现了可喜的政府、地方、民间的多渠道、多层次、多领域、多形式交流局面。如双方互派留学生，开展文物发掘和保护，科学技术合作研究，人才培养，大学、科研机构间开展学术交流等，开展得轰轰烈烈又扎扎实实，取得了丰硕成果。统计资料显示，1972 年以来的中日文化交流应该说是令人鼓舞的。中日两国从 1972 年以来的人员往来，已从 9046 人到 2000 年的 185.4 万人次，到 2005 年达 450 万人次，2006 年更是高达 480 万人次。中日两国留学生的交流亦在迅速扩大。中国留日学生人数从 1987 年的 3687 人猛增到 2005 年的 4.4 万人，2006 年更是高达 8.97 万人，在各国留学生中位列第一。中国的日本留学生也从 1987 年的 4027 人猛增到 2005 年的约 1.88 万人，仅次于韩国留学生。中日贸易额已从 1972 年的 10.3 亿美元迅速增长到 2004 年的 1680 亿美元，更创纪录地增长到 2005 年的 1844 亿美元和 2006 年的 2073 亿美元。截至 2006 年，中日友好城市已结成 233 对。中日在各文化教育、科技、体育等领域的团体和个人广泛而普遍的交流，呈现出官民并举、百花齐放、繁花似锦的可喜局面。

应该说，中日关系的发展，总体上是好的，基本上是平稳、健康的。战后中日文化交流的高潮方兴未艾。

但是，我们不能不冷静、清醒地看到，中日两国间依然存在种种问题。主要有三大问题：一是日本不能正确认识和对待侵略历史的问题，突出表现在日本前主要领导人小泉纯一郎等顽固坚持参拜供奉有东条英机等 14 个甲级战犯的靖国神社和日本文科省放任日本歪曲历史、美化侵略的右翼教科书两方面。二是日本某些政要，违反三个基本文献（《中日联合声明》《中日和平友好条约》和《中日联合宣告》）的基本原则，不断提升日本和中国台湾省关系，正向准官方、半官方发展的问题。三是日本霸占我国领土钓鱼岛且不断制造事端进行挑衅和东海海洋权益之争的问题。特别是小泉纯一郎自 2000 年上台以来，六次拜鬼，导致中日最高领导不能正常交往，从而干扰和影响了中日关系。使中日关系进入了邦交正常化以来最为困难的时期。无疑，这也给中日文化交流带来损害和消极影响。我们期待日本政府能用实际行动珍视中日关系，正确认识和对待侵略历史，停止伤害中国和亚洲人民感情的言行，以保证中日关系在 21 世纪健康、稳定地发展。

令人欣慰的是，2006 年 10 月安倍晋三组阁伊始来华访问，中日双方达成一系列共识，明确了中日关系发展的大方向。2007 年 4 月，温家宝总理为了"友谊与合作"正式访日，确认努力构筑中日战略互惠关系的框架和内涵，并就开展具体合作达成了多项共识。2007 年 9 月 25 日当选的日本新首相福田康夫 10 月 1 日在施政演说中表示，将致力于与中国构建立足于共同战略利益的互惠关系。面向未来，我们喜忧参半，也有长期努力改善和发展中日关系，加强中日文化交流的信念和决心。正如胡锦涛所说："人类历史发展的过程，就是各种文明不断交流、融合、创新的过程。""历史经验表明，在人类文明交流的过程中，不仅需要克服自然的屏障和隔阂，而且需要超越思想的障碍和束缚，更需要克服形形色色的偏见和误解。"[①] 关捷、刘俊民的文章说得好："一个国家、一个民族的文化，总是在与其他国家、民族文化的接触和碰撞中得到升华。21 世纪的中日文化交流事业大有可为。""我们有

---

① 《胡锦涛在耶鲁大学发表的重要讲话》，载《人民日报》，2006 年 4 月 23 日。

理由相信，21 世纪的中日文化交流必将超越隋唐时的盛况。"①

概观当代中日文化交流，即第五次中日文化交流的高潮，亦可看出具有四大特点：

一是中日文化交流的这次新高潮，在两国文化交流的各层次和各领域，其规模、频繁程度、人员数量之多，交流程度之深、之广，都是创历史纪录的。一系列统计数字证实了这一点。

二是第五次高潮方兴未艾。在高潮中，又是一个小高潮接着一个新高潮，一浪高过一浪，四个阶段的层层推进充分表明，中日文化交流的浪潮是不可阻挡的。虽然暂时遇到某些困难和障碍，但终会冲破障碍，向前腾奔。

三是在高潮中不断有不和谐音，主要是日本右翼的破坏和日本政府某些政要错误言行的原因。中日间的矛盾、摩擦、斗争甚至对抗，必将影响两国关系和中日文化交流的顺利、健康发展。

四是中国无论是政府还是民间，为坚持维护中日友好大局，在不断做出努力。特别是"以经促政，以民促官，以文促情"的新举措，使近年来两国的民间交流不可阻遏地向前发展。

---

① 关捷、刘俊民：《近百年中日文化交流的回顾与21世纪之展望》，载胡令远、徐静波编：《近代以来中日文化关系的回顾与展望》，上海财经大学出版社，2000 年版第 13～14 页。

主要参考文献：

1. 周一良主编：《中外文化交流史》，河南人民出版社，1987年版。

2刘德有、马兴国主编：《中日文化交流事典》，辽宁教育出版社，1992年版。

3.［日］木宫泰彦：《日中文化交流史》，商务印书馆，1980年版。

4.［日］上山春平主编：《日本文明史》（全7卷），角川书店，1992年版。

5.［日］江上波夫编：《日本民族与日本文化》，山川出版社，1989年版。

6.［日］实藤惠秀：《日本文化对中国的影响》，萤雪书苑，1940年版。

7. 梁容若：《中日文化交流史论》，商务印书馆，1985年。

8. 李喜所主编：《五千年中外文化交流史》（全5卷），世界知识出版社，2002年版。

9.［日］木村时夫：《日本文化的传统与变容》，成文堂，1990年版。

10. 王勇、大庭脩主编：《中日文化交流史大系·9·典籍卷》，浙江人民出版社，1996年版。

11. 王金林：《汉唐文化与古代日本文化》，天津人民出版社，1996年版。

12. 王晓秋：《近代中日文化交流史》，中华书局，1992年版。

13. 王家骅：《儒家思想与日本文化》，浙江人民出版社，1990年版。

14. 武安隆：《文化的抉择与发展——日本吸收外来文化史说》，天津人民出版社，1993 年版。

15. 熊达云：《近代中国官民的日本考察》，山梨学院大学社科所发行，成文堂，1998 年版。

16. 周一川：《中国女性留学日本史研究》，国书刊行会，2000 年版。

17. 叶渭渠：《日本文化史》，广西师范大学出版社，2005 年版。

18. ［日］实藤惠秀：《中国人留学日本史》，三联书店，1983 年版。

19. 田桓主编：《战后中日关系史（1945—1995）》，中国社会科学出版社，2002 年版。

20. 吴学文、林连德、徐之先：《当代中日关系（1945—1994）》，时事出版社，1995 年版。